"生命教育"系列丛书

朱永新 主编

兰岚 时朝莉 著

生命知"疫"

—— 生命教育10堂课

指　　导：新教育实验发起人　朱永新

统　　筹：彩虹花和阅汇　时朝莉

课程总编：翼起来游学研究所　兰　岚

学术顾问：河南省省立医院康复科　张继华

　　　　　新教育研究院新生命教育研究所　卢　锋

　　　　　苏州半书房　张安仁

　　　　　贞元新教育卓越课程研究院　王志江

课程评估：陕西省教育学会教育评价专家咨询委员会　魏金宝

原创故事：陈梦敏　王　钢　王艳着　兰　岚　李飞宇　卜庆振

原创诗歌：李飞宇　佘尚达　赵钰涵　孙沐萱　司开尹　薛皓天

　　　　　李攸然　金羽堃　黄贻茜

原创插图：小呆乐　何立罡　葛若雯　肖佳依

扫码进入读者圈
上传你的作品哦

山西出版传媒集团　山西教育出版社

图书在版编目（CIP）数据

生命知"疫"：生命教育10堂课／兰岚，时朝莉主编. — 太原：山西教育出版社，2020.4（2022.6重印）
（生命教育系列丛书／朱永新主编）
ISBN 978-7-5703-0972-6

Ⅰ. ①生… Ⅱ. ①兰… ②时… Ⅲ. ①生命哲学—中小学—课外读物 Ⅳ. ①G634.203

中国版本图书馆 CIP 数据核字（2020）第 055653 号

生命知"疫"：生命教育10堂课

SHENGMING ZHI "YI"：SHENGMING JIAOYU 10 TANG KE

出版策划	潘　峰
编辑主持	刘继安
责任编辑	许亚星
复　审	李梦燕
终　审	潘　峰
装帧设计	陈　晓
印装监制	蔡　洁

出版发行　山西出版传媒集团·山西教育出版社
（太原市水西门街馒头巷7号　电话：0351-4729801　邮编：030002）

印　装	北京一鑫印务有限责任公司
开　本	890mm×1240mm　1/32
印　张	5
字　数	114 千字
版　次	2020 年 5 月第 1 版　2022 年 6 月第 4 次印刷
书　号	ISBN 978-7-5703-0972-6
定　价	35.00 元

如发现印装质量问题，影响阅读，请与印刷厂联系调换。电话：010-61424266。

补上一堂生命教育课

朱永新

2020年伊始,一场疫情突如其来,全国人民投入到没有硝烟的"战疫"之中。

为这场"战疫",我们付出了巨大而惨痛的代价。习近平总书记说,这次抗击新冠肺炎疫情,是对我们国家治理体系和治理能力的一次大考。而从一个教育工作者的视角来看,这也是对我们教育工作的一次大考。我们看到,这次疫情给全国人民上了一堂生命体验课,确切地说是正在补上一堂生命教育课,因为这原本是我们每个人都应该学过的必修课。

生命与教育,本来就是一体的。教育,帮助一个生命个体从自然人变成社会人,通过拓展生命的长度、宽度和高度,帮助每一个生命个体成为更好的自己。在很多场合,我经常跟人说,如果我们的孩子连生命都没了,那么我们的教育还有什么意义呢?同样,如果我们的社会都不关心社会安全，忽视生命健康，那我们的经济发展还有什么意义呢？这次疫情所暴露出的民众缺乏健康与安全常识、公共卫生知识、避险求生和防范危机等技能普遍不足的问题，对自然和生命缺乏敬畏的问题，再一次呼唤全社会尤其是在教育领域普及生命教育。

生命教育，首先要关注自然的生命，这是生命的长度。人的肉身是生命的物质基础，基础是1，其他是1后面的0。如果我们的教育更多地关注学生的安全与健康，从最基本的教学生学会勤洗手开始，懂得何时需要戴口罩，懂得禁食野生动物，懂得敬畏自然，懂得敬畏生命，学会紧急避险与自我保护，养成科学饮食、锻炼身体、合理作息的良好习惯，等等，把这些基本的1写好了，生命的物质基础就打牢了。不能等到灾难来了才想起，这些需要成为我们的行为习惯，成为我们的生活方式，当然，也应该成为我们教育的重要内容。

生命教育，其次要关注社会的生命，这是生命的宽度。我们每个人都生活在社会之中，都要与别人打交道，如何学会心理换位，如何理解、宽容、尊重别人，如何成为受人欢迎、受人尊重的人？这些也都是需要学习的。疫情期间，我们听到了许多一方有难、八方支援，一家有难、众人相助的温暖故事，看到了许多医生护士无私的仁爱之心，这些都应该是我们教育的内容，讲述的榜样。帮助学生懂得感恩，懂得仁爱，懂得尊重，有着良好的社会情感，也是生命教育亟待加强的方面。

生命教育，还要关注精神的生命，这是生命的高度。人是一个符号性动物，人是要有价值观和信仰的，是要过精神生活的。人类那些最伟大的智慧、最伟大的思想，就在那些最伟大的著作之中。通过阅读与经典对话、与大师对话，阅读的高度就会造就我们精神的高度。能不能为了公共利益挺身而出，仗义执言？能不能为了普通百姓得罪权贵，敢于担当？疫情中的钟南山院士、李文亮医生……他们身上闪耀的光芒，就是这种精神与信仰的体现。这些内容，在我主持编写的《新生命教育》读本中都有详细的介绍。拓展生命的长宽高，指导学生理解人与自然、人与动物、人与自我、人与社会的生死与共、和谐相处的生命关系，应该成为教育的基础内容。

20年来，我在全国倡导并推动新教育实验。从新教育诞生的第一天开始，我们就强调对生命的关注、关怀。"为了一切的人，为了人的一切"，这个人本主义的立场，在2000年《我的教育理想》出版的时候，我就已经明确提出。从那个时候开始，生命教育就一直是新教育的核心主题。在新教育提出的"研发卓越课程"行动中，我们把生命教育作为整个卓越课程体系的基础。经过多年的酝酿和研究，2015年，在第十五届全国新教育学术年会上，我和研究团队发布了《拓展生命的长宽高》报告，详细阐述了新教育视野下的生命教育——新生命教育的内涵、价值和实施路径。也是在这次年会上，新教育研究院成立了新生命教育研究所，开启了研发课程、编写教材、培训推广的工作。2018年，一套贯穿小学一年级至高中三年级的全部22册、共计144课的《新生命教育》实验用书全部编写完成并正式出版，受到了全国很多学校师生的青睐和好评。

疫情当下，我们欣喜地看到，教育部办公厅、工业和信息化部办公厅联合印发的《关于中小学延期开学期间"停课不停学"有关工作安排的通知》中，明确提出要"注重加强生命教育"。那么，怎样让更多的人了解生命教育、走进生命教育、践行生命教育呢？在新生命教育研究所的策划组织下，在山西教育出版社的全力支持下，我们不仅及时推出了免费的抗"疫"版《新生命教育》电子书，而且由我发起了"大疫面前，勇敢成长——青少年生命教育系列公益课"活动，邀请全国生命教育领域数十位专家、学者、名师，面向青少年开讲生命教育。在此基础上，我们汇集了其中10位专家的讲座，编为《生如夏花——生命教育10人谈》。同时，邀请首讲生命教育课的袁卫星老师撰写了《守望春天——生命教育10日谈》，以飨读者。疫情之中，知情知疫，知忧知惧，我们还编写了《生命知"疫"——生命教育10堂课》。这本书用原创的诗歌、故事，原创和主题相匹配的生动有趣的系列综合实践任务，给孩子们上了10节生命大课：关于自然、自由、自我、他人、英雄、生死、科学、价值、自在和未来。通过课程的学习，让孩子直面现实，在儿童的世界里解释世界；启动思维，在全面的理解中创造观点，同时热爱生命、同理生命、敬畏生命。这套课程首先推出了互联网公益课程，6节课课程点击率达到40万人次，全国25个省的孩子们参与到课程中，并且创造出了异彩纷呈的生命教育作品。

我写了一本小书《未来学校：重新定义教育》，里面强调未来学校的课程一定是以生命教育为基础的。未来学校，本质上就是教育回到生命的地方，是过一种幸福完整的教育生活的地方。未来学校，在本质上和技术本身是没有关系的。

生命教育，就是让教育回家，就是让每个生命个体成为最好的自己。这条路，让我们一起温暖地走下去。

序

王钢

春天来了，我们却看不见。

2020年的开头，不是一段美好的日子。

春节，我们却无法走亲访友，无法把酒言欢，甚至不得不经历生离死别。

春天，我们却不能踏青，不能赏花，不能放风筝，不能挖野菜，甚至不能手牵着手。

从来都是"海内存知己，天涯若比邻"。

而今却是"知交半零落，比邻若天涯"。

我们的第一反应，是把账算到病毒的头上——你这个罪魁祸首！

可是，病毒在三十亿年前就已经在这个星球上悄然繁殖。

可是，病毒明明是个体微小，结构简单的非细胞性生物。

可是，在以往的日子里，我们并未遭到病毒如此迅猛的攻击……

那么，如果简单地归咎于病毒，是一种正确的态度吗？

其实，在人类漫长的文明史中，这样的疫情不过是弹指一挥间。

岁月悠悠中，有过多少繁花似锦，也有过多少人祸天灾。

幸好，我们拥有智慧，会痛定思痛，会亡羊补牢，会未雨绸缪。

我们是脆弱的，也是坚韧的；我们是渺小的，也是伟大的。

一代又一代人，就这样前赴后继，生生不息。

亲爱的孩子，世界庞大而复杂，而你们终将成为这个世界的主人。

任何骄傲、蛮横、无礼，都是愚蠢的表现，都将导致毁灭与自我毁灭。

主人，并不意味着为所欲为，而是懂得尊重和敬畏，有理性也有情怀。

春天来了，我们却看不见，这并不是最糟糕的。

请从此刻起，关爱每一个生命，就好像关爱我们自己。

愿，知情知疫；愿，知忧知惧。

愿你以美好回报美好，愿你以力量传递力量。

2020 年 2 月 19 日

写给你的话

亲爱的同学们：

　　这是一段特殊的时期，中国几乎所有的学生，不管是小学生、中学生还是大学生，都只能待在家里做一件事儿——隔离。原因大家都知道，在我们的国家发生了一件让人着急又痛心的事儿，那就是新型冠状病毒肺炎正在我国和其他一些国家蔓延，很多人感染了，一些人经过治疗康复了，但是也有一些人不幸去世。这真的很让人悲痛。

　　这个时候，我们小学生能做些什么呢？我们不是医生，不是护士，不是警察，不是社区工作人员，我们还是需要大人们保护的未成年人。

　　虽然我们小，但是我们有聪明的大脑，我们可以去学习、去思考、去行动。

　　面对新冠病毒，让我们冷静下来，通过学习保护自己和他人，在这段时间里，让自己对这个世界多一份了解，多一份思考，我们自己，也多一份智慧。这次疫情，我们要学习的太多太多……

　　所以，我们有了《生命知"疫"——生命教育10堂课》综合实践课程。

这10堂生命教育课是新教育实验新生命教育课程的一部分。

这套课程包括网课和书籍两部分。

生活就是教育，社会就是学校。面对疫情，我们可以积极地去学习、去思考、去行动。一场疫情，一场战争，也是一节人生大课。

这节课，叫生命教育。我们为全国的中小学生编制了《生命知"疫"——生命教育10堂课》综合实践课程，通过故事、诗歌、游戏、思考、行动，了解传染病，解读生命密码，一起来拓宽生命的长度、宽度和高度。

这节课包括三个内容六个主题，具体如下：

一、自然生命——安全与健康，长度；

二、社会生命——养成与交往，宽度；

三、精神生命——生涯与信仰，高度。

这套课程契合小学生的认知水平和学习兴趣，每堂课包括一首原创儿童诗歌，一个故事，一类知识，一个游戏，一首经典诵读，还有很多思考及可能的创作。

这套课程是由一些疫情亲历者合力完成的，有大人、孩子、作家、诗人；也有插画师、播音员、医生，还有老师……

所有的人都有一个共同的信念——人类的善良、友爱、团结和勇敢最终一定会打赢这场与病毒的战争，不管是过去、现在，还是未来。

一场疫情，一场战争，也是一堂人生大课。我们一起把这堂课带给所有的小学生，一起来拓宽生命的长度、宽度和高度。

生命知"疫"，我们才能敬畏自然，珍爱地球上的生灵；生命知"疫"，我们才能积极应对，有效地保护自己和他人；生命知"疫"，我们才能看到不同的人性，相信乌云散尽定有光芒！

课程内容一览表

内容	主题	课程主题	课程目标	课程内容
生命的长度	自然生命	第1课：来自动物王国的呼救	1. 认识濒危动物 2. 了解动物灭绝的原因 3. 思辨人与动物的关系	1. 故事：《一只蝙蝠的生死时速》 2. 注意力游戏：灭绝动物调查 记忆力游戏：动物九宫格 3. 任务：为野生动物做件事儿
	自然生命	第2课：病毒联合国	1. 了解病毒世界 2. 认识常见的病毒 3. 了解病毒给世界带来的改变	1. 故事：《病毒联合国大会》 2. 维恩图：《病毒和细菌的区别》 思维游戏：病毒猎手 3. 任务：《致命病毒档案》
	安全与健康	第3课：传染病和动物	1. 认识传染病的来源 2. 传染病和动物的关系 3. 传染病的传播路径	1. 故事：《果子狸，快跑!》 2. 空间推理游戏：流调员的路 3. 任务：制作《新冠肺炎鉴别指南》
	安全与健康	第4课：我和我身边的人	1. 新型冠状病毒肺炎的症状和治疗方法 2. 如何隔离，保护自己和家人 3. 认识死亡和生存的意义	1. 故事：《隔壁的蔷薇奶奶》 2. 思维游戏：搜索患者 3. 任务：心理健康活动《生命时钟》

内容	主题	课程主题	课程目标	课程内容
生命的宽度	社会生命	第5课：那些保护我们的人	1. 认识疫情中那些保护我们的人，剖析"逆行者"的内涵 2. 发现平凡人的伟大之处 3. 寻找自己的潜力	1. 故事：《我的房间里，有一朵小小的乌云》 2. 空间思维游戏："逆行者"之路 3. 任务：谁是"中国的脊梁"
生命的宽度	养成与交往	第6课：沟通和情绪管理	1. 信息传达与沟通 2. 如何识别虚假信息 3. 如何进行情绪管理	1. 故事：《外星人呱叽呱叽》 2. 心理游戏：情绪ABC，情绪的颜色 3. 任务：积极行为和消极行为检测手工制作
生命的宽度	养成与交往	第7课：紧急情况下的管理	1. 紧急情况下的判断与决策 2. 了解城市管理和基层治理 3. 培养系统思维能力	1. 故事：《小布丁很生气》 2. 空间推理游戏：社区工作人员的难题 3. 任务：模拟市长
生命的高度	精神生命	第8课：做自己的生命卫士	1. 免疫力和增强免疫力的方法 2. 紧急情况下的积极行动策略 3. 学习科学避"疫"	1. 故事：《卡卡的魔法花》 2. 心理游戏：我自己的魔法花 3. 任务：疫情心理调研、制作《家庭活动检查表》
生命的高度	精神生命	第9课：敬畏自然，守护生命	1. 细菌与身体健康 2. 生命的价值和意义 3. 和万物相处的基本原则 4. 中国天人合一的自然观	1. 故事：《奶奶的宝贝》 2. 思维游戏：生物网 观察力游戏：生生不息 3. 任务：物候观察记录
生命的高度	生涯与信仰	第10课：我们是未来的主人	1. 未来的生活愿景 2. 不能遗忘的过去 3. 中医和中医的未来 4. 对中国和世界的祝福	1. 故事：《爷爷的新工作》 2. 空间推理游戏：你要复活谁 3. 任务：绘本《病毒的世界》

目 录

第1课

来自动物王国的呼救

是谁把我们关在笼子里

李飞宇（11岁）

是谁把我们关在笼子里？
是蝙蝠，还是果子狸？

蝙蝠说：冤枉啊，
我不过是个邮递员！

果子狸说：和我没关系，
我不过是个交通工具！

那么到底是谁呢？
是小老鼠，还是小青蛇？

添画：关在笼子里的会是谁呢？

是穿山甲，还是小野鸡？
还是那些看不见的坏东西？

不不不！蝙蝠说，
是你们人类自己。

哲学问题：

❓ 其实，诗歌里面有两种"笼子"，一种是看得见的笼子，一种是看不见的笼子。你能说一说都是什么样的笼子吗？

❓ 笼子也可以看作是"范围"。人类的活动范围在哪里？野生动物的活动范围又在哪里？

❓ 当人类和野生动物的范围互相重叠的时候，人类该怎么做？请你和你的家人或者朋友展开讨论。

生命故事

蝙蝠不但会说话，会发求救信号，还会组织一场惊心动魄的大营救。这是怎么回事儿呢？大自然里动物的生存受到怎样的威胁，我们人类应该以什么样的态度和动物相处呢？

扫描课后二维码聆听故事：

一只蝙蝠的生死时速

兰　岚

安静的、晴朗的夜里，阿诺睡着了。

窗户外面好像有动静，阿诺迷迷糊糊拉开窗帘，吓了一大跳。一只黑黢黢的东西贴在玻璃上，借着月光仔细看，原来是一只小蝙蝠。

打开灯，蝙蝠并没有飞走，依然执着地贴在窗玻璃上。阿诺仔细看，蝙蝠的爪子好像在写着什么。

"S-O-S。"阿诺读了出来。

"什么?!"阿诺差点跳了起来，"蝙蝠竟然会写字！"

没错，这只长得奇丑无比的小蝙蝠用它的小爪子又写了一个"SOS"，这次写在玻璃上有灰的地方，阿诺看得清清楚楚。"SOS"是国际莫尔斯电码紧急呼救信号，任何人收到SOS信号都应该进行紧急人道主义救援。

"肯定有人遇到危险！"阿诺没穿鞋就冲出了门。小蝙蝠飞在他的前面带路。

噢，忘了介绍了。阿诺，围村小学四年级学生。围村，之所以叫作围村，是因为它四面都被山包围着，进出村只有一条不宽的柏油路。

阿诺在月色中跟着小蝙蝠往村外跑。

小蝙蝠说："我叫阿福，想请你帮忙。快点！要不然来不及了！"

阿福飞进村口的一处小院。阿诺认出来了，这本来是阿兰婶子的家，她家搬到城里住了，就把房子租给了一个叫阿强的外地人开餐馆，餐馆的名字叫"福临门"。

阿福飞过围墙，飞到后院。阿诺犹豫了一下，从围墙边的土堆上翻了进去。

围村地处自然保护区，风景很美，但是离城市比较远，偶尔也会有城里人来爬山。

可是阿强的福临门餐馆开张后，一到周末假期，路边的车都停到了一千米以外。一些村民在餐厅打工，都夸老板很大方，工资给得特别高。

可是阿诺一点儿也不喜欢阿强，因为有一次，阿强叫住他，问他会不会打弹弓，能不能帮他打山上的鸟儿、野兔什么的，会给阿诺很多钱。

这事儿怎么能干！阿诺马上就拒绝了，还好心地告诉阿强："这里是自然保护区，山上的野生动物都不能捕猎，是犯法的。"

阿强勉强笑了笑，拍了一下阿诺的脑袋说："你这个小屁孩觉悟还挺高。"

每次阿诺一想到这事儿，心里都特别堵。

阿诺从没来过餐馆的后院，他进来后四处打量，院子里什么都没有，只有一扇门，通向西边的大山。

阿福无声无息地落到地上，悄声说："你听！它们都在里面！"

阿诺走过去。脚下是一块薄铁板，人踩在上面"哐当"一声。

"嘘！小声点，把阿强吵醒就救不了它们了。"阿福特别紧张。

"它们是谁呀？"阿诺完全不知道怎么一回事儿。

"你把这个铁门打开就知道了。"

阿诺才看到，这块薄铁板原来是一扇上着锁的门，门下面应该有个地窖什么的。

"钥匙在阿强身上，他在二楼睡着了，但是凌晨两点他会准时起床上山。现在快十一点了，逃出去得两个小时，所以你只有一个小时的时间把钥匙偷出来。"

"两点上山？这是怎么回事儿？"阿诺完全被搞糊涂了。

阿福叹了口气，长话短说，简单地跟阿诺说起了这件事儿的来龙去脉。

小蝙蝠阿福，一直住在这个院子里。阿强来租房子的那天晚上，看见阿福在院子里飞，开心地说："福（蝠）到了，福（蝠）到了！餐馆就叫福临门！你以后就是我的吉祥物了！"阿福一直留在院子里，不是因为贪图安逸，而是从这个餐馆一开张它就发现，一到半夜，阿强就出了后门，鬼鬼祟祟地上了山。到了山上，阿强拉开电网，下了套子和夹子，不出两个小时，什么锦鸡、刺猬、竹鼠，能捉好多。阿强还四处找穿山甲的洞，用烟雾熏烤，穿山甲忍不住从洞里跑出来，把身体蜷缩成一个球，阿强捡起来就扔到麻袋里，和其他的猎物一起拖回餐馆，关到这个地窖里。

这个福临门餐馆，原来是一家非法的野味餐馆。阿强就是靠售卖这些野生动物吸引顾客的。他对在餐馆上班的村民们说，这些野生动物是他从养殖场买的，实际上都是他偷偷捕猎的；他对顾客们说他有野生动物经营许可证，实际上他什么都没有。阿福一直想救这些动物，可是钥匙太重了，它偷不出来而且也不会开锁，这才去找阿诺帮忙的。

一切都明白了！赶紧去拿钥匙。阿诺蹑手蹑脚地上了楼，阿强的呼噜声震天响。

阿福飞了过来，示意钥匙就压在阿强的枕头底下。怎么才能拿得到呢？除非阿强向里面翻个身。阿福抓了几只蚊子，放在阿强的耳边。不一会儿，阿强抓了几下脑袋，翻了个身，又睡过去了。

钥匙，拿到了！

揭开地窖的门，阿诺惊呆了。这个地窖竟然有整个后院那么大，里面全是笼子，笼子里满满的都是竹鼠、豪猪、刺猬、猴子、麂子、蛇、穿山甲、锦鸡、孔雀，还有一只黑熊，两头野猪，全都半死不活地在笼子里呻吟着。

"救命……"

"救救我们……"

"阿福，谢谢你请来了救兵。"黑熊有气无力地说。

"赶快打开笼子，把大家全都救出去得好半天呢！"阿福着急地对阿诺说。

阿诺把笼子一个个打开，动物们艰难地爬了出来，狼狈不堪。

阿诺把动物们一个个都拉了上去，没有一个漏下的。

动物们大口大口地呼吸着新鲜空气，天上圆圆的月亮是那么明亮。

"快走！从前门出去上东山！"阿福催促着。

阿诺断后，动物们一个扶着一个，跟着阿福出了前门。

"你这个臭小子，敢放跑我的野味儿！"阿强怒吼着冲了过来。

说时迟，那时快，一个小黑影箭一般撞到阿强的脸上，阿诺冲了过去，黑熊、野猪、竹鼠、刺猬，动物们全都冲了过去……

天亮了，警察赶到福临门餐馆的时候，发现阿诺、村民们，还有一大群动物，都围着一个大笼子，笼子里是垂头丧气的阿强。

那只小蝙蝠阿福呢？它可累坏了，一定是挂在什么地方做着香甜的梦呢！

思考时间

听了这个故事，你是不是对蝙蝠刮目相看呢？人们该怎么保护自然保护区里的动植物，怎么对待野生动物呢？阿福想听听你的看法：

阿福的问题：

1. 自然保护区里的野生动物禁止捕猎，为什么还会有阿强这样的人知法犯法呢？

A. 为了挣钱快，野生动物没有养殖成本。

B. 山区人民有狩猎传统。

C. 市场需求：食用、药用、服装和装饰品等。

D. 出于娱乐的目的进行狩猎。

上面四个原因，你觉得最根本的原因是哪个呢？（　　）

2. 你认为该如何禁止人们偷猎、买卖和食用野生动物呢？

A. 严格法律，打击野生动物偷猎和交易。

B. 宣传、推广正确的饮食观念，改变食用野生动物的饮食习俗。

C. 监控、限制野生动物制品入药。

D. 落实以上野生动物保护措施。

上面的措施，你认为哪个是最重要的？（　　）

3. 怎么保护野生动物才算是科学的呢？（见下页图）

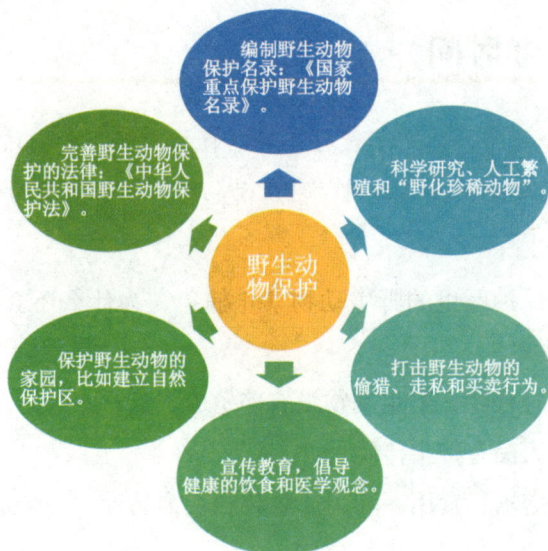

编制野生动物保护名录:《国家重点保护野生动物名录》。

完善野生动物保护的法律:《中华人民共和国野生动物保护法》。

科学研究、人工繁殖和"野化珍稀动物"。

野生动物保护

保护野生动物的家园,比如建立自然保护区。

打击野生动物的偷猎、走私和买卖行为。

宣传教育,倡导健康的饮食和医学观念。

上面的措施,哪些是首先要做的?请你按自己的理解画"√"。

4. 作为一个像阿诺一样的小学生,你可以为野生动物保护做些什么事情呢?

A. 不观看动物表演。

B. 向家人和同学宣传野生动物保护的知识。

C. 写保护野生动物倡议书。

D. 在生活中要爱护环境,不随意扔垃圾。

E. 自己不食用野生动物,而且劝说家人不食用野生动物。

F. 举报野味餐馆、伤害野生动物和非法使用野生动物制品的行为。

请按照你的实际情况选择自己能做的事情。(　　　)

互动知识窗

1 野生动物

不是经过人工饲养的，能在野外环境生长繁殖，独立生存的动物。

请每一类至少写三个：

哺乳动物	
鸟类	
鱼类	
两栖类	
爬行类	

2 《中华人民共和国野生动物保护法》

在我国，采用野生动物保护名录的方式，将珍稀、濒危野生动物列入重点保护名录进行保护，对有重要生态、科学、社会价值的陆生野生动物也制定了相应的名录进行保护。这些名录根据野生动物保护形势不断调整，以满足野生动物保护的需要。

人工繁殖、人工饲养的陆生野生动物能食用和药用吗？请你在网上搜索答案，写在下面的横线上。

3 《中国濒危动物红皮书》（1998 年版）

中国濒危动物被划分为：野生灭绝（Ex）、绝迹（Et）、濒危（E）、易危（V）、稀有（R）和未定（I）。但是这个《红皮书》还没有更新，所以很多之前没有被列入濒危动物的野生动物现在在野外也很难见到了，比如穿山甲和禾花雀。

扬子鳄　　　狼　　　大熊猫　　　藏羚羊　　　禾花雀

黑熊　　　天鹅　　　娃娃鱼　　　丹顶鹤　　　穿山甲

请你在网上搜索上面的动物属于哪一种濒危动物，把英文缩写标注在圆圈里。

4 没有买卖，就没有杀害

世界环保组织"野生救援"提出，人们的需求是野生动物被偷猎的最根本的原因之一。人类的需求有食用、药用和装饰等。

在世界和我国的一些地区有食用野生动物的习俗，有人认为野生动物有滋补身体的功能，还有人把食用野生动物作为炫耀财富或者身份的方式。

食用野生动物主要还是出于野蛮的饮食习俗或虚荣心，不但不文明，而且很愚昧。

在我们国家哪些野生动物比较容易被当成食物？请你在网上查

找，至少找出10种，写在下面的横线上。

_____

_____

5 **野生动物档案**

下面的野生动物或者已经灭绝，或者已经绝迹，或者濒临灭绝，为了警示大家，野生动物保护组织请你为它们建立档案：

渡渡鸟	白鳍豚	黑熊
栖息地： 现存状态： 灭绝原因： 1. 2. 3.	栖息地： 现存状态： 灭绝原因： 1. 2. 3.	栖息地： 现存状态： 灭绝原因： 1. 2. 3.
华南虎	中国犀牛	中华穿山甲
栖息地： 现存状态： 灭绝原因： 1. 2. 3.	栖息地： 现存状态： 灭绝原因： 1. 2. 3.	栖息地： 现存状态： 灭绝原因： 1. 2. 3.

6 **蝙蝠的自白书**

有人说蝙蝠就是病毒传播的罪魁祸首，应该被"人道消灭"。蝙蝠阿福决定写一份《自白书》为自己的族群辩解。

🚀 **互动游戏**

1. 灭绝调查：了解野生动物灭绝的原因才能更好地保护它们，保护我们人类自己。请你用眼睛仔细观察，找出这些动物灭绝的原因吧！（计时1分钟）

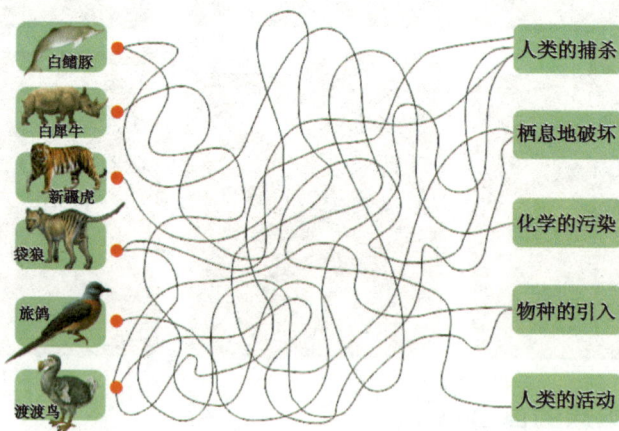

白鳍豚		人类的捕杀
白犀牛		栖息地破坏
新疆虎		化学的污染
袋狼		物种的引入
旅鸽		人类的活动
渡渡鸟		

白鳍豚：_____ 　白犀牛：_____

新疆虎：_____ 　袋　狼：_____

旅　鸽：_____ 　渡渡鸟：_____

2. **极速记忆**：请你用30秒时间记住下面濒临灭绝的野生动物的名字和它们的九宫格位置。

请你盖住上面的图，把动物的名字写在下面，可以写拼音。

小小任务

我们当然也能为野生动物保护做出自己力所能及的事情，比如这些事情：

1. 写一份保护野生动物倡议书发到网上。
2. 为宣传野生动物保护想一个口号。

3. 为宣传野生动物保护设计制作一幅宣传海报。

4. 创作一首以"野生动物保护"为主题的诗歌。

 **拓展学习**

1. 创作一个以"营救野生动物"为主题的环保故事或者绘本。

2. 阅读推荐：沈石溪动物小说系列、西顿动物小说系列。

3. 影音推荐：纪录片《野性的呼唤》《我们诞生在中国》；电影《最后的猎人》。

4. 研学旅行：动物园、动物繁殖中心等。

同学们可以扫描下面的二维码，进入《来自动物王国的呼救》微课程，感受"一只蝙蝠的生死时速"。

生命知"疫"——
生命教育10堂课

病毒联合国

藏在影子里的病毒

佘尚达（9岁）

不是所有的黑暗都怕阳光吗？
那为什么，
在春天的太阳下，
黑暗的病毒戴着王冠
到处乱窜。

我想，
它可能是来自一个，
想霸占地球的病毒星球。
它那么狡猾，一定是个大王。
太阳一出来，

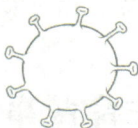

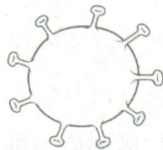

添画：黑暗的病毒在地球上
会遇到什么事情？

它就躲进影子里指挥作战。

我们一定要把它揪出来，
在阳光下晒成"病"干。

哲学问题：

小作者想象力很丰富，他想象出病毒星球，还有个戴了王冠的病毒。

❓ 这种戴上王冠的病毒有什么特别的地方？

❓ 它真的是从外星球来的吗？

❓ 它在地球上到处乱窜的目的是什么呢？

请你和你的家人或者朋友展开讨论。

生命故事

我们人类自诞生以来，和各种病毒的战争就没有停止过，虽然病毒很厉害，但是人类却从来不怕它们，因为"知己知彼，百战不殆"，我们了解了病毒，自然就能找到对付它们的办法。病毒是什么？长什么样？有多厉害？让我们一起聆听故事《病毒联合国大会》。扫描课后二维码聆听故事：

病毒联合国大会

李飞宇　兰　岚

战争已经进入白热化，准确点说是胶着状态。

一方是新型冠状病毒肺炎，一方是人类。

"新冠"，是人类对这种病毒的简称。

人类大军的一支队伍已经攻入新冠病毒大军的营地，拿下了一个病毒繁殖中心，还从感染者身上分离出了一些活体病毒进行基因分析，病毒科学家们在紧锣密鼓地研制病毒间谍——疫苗。他们坚信，从敌人的内部进行瓦解才能把新冠病毒彻底消灭。

另一边，病毒大军却并未慌乱。一方面是因为研发疫苗的速度没那么快。根据历史经验，没等疫苗研制出来，一个阶段的入侵任务就已经完成；另一方面，因为人类确定病毒传染程度的时间延误，一开始就错过了最佳的防御时期，所以病毒大军长驱直入，几乎没有受到任何阻拦就感染了整座城市。不知情的市民们在春节假期拥出了 H 市，病毒开始在全国扩散。

在病毒联合国总部，每天都有感染者增加的捷报。看着那一条条一直在上升的疫情数据曲线，再看看身边 SARS 冠状病毒总司令羡慕嫉妒恨的眼神，新冠总司令心里真是说不出的高兴！

"兄弟，打仗要讲天时地利人和，我们挑春节期间出击，在交通要道传播，又有人类买卖携带病毒的野生动物为我们助力，一个多月的时间攻城略地，就能传染更多人。此战我军必胜！"

"言之过早了吧！" SARS 总司令慢悠悠地说，"人类已经换了战术，不光有隔离围堵，还主动出击，研制药物和疫苗的进度也在加快，一旦研发成功，对你们的军团可是灭顶之灾。不如像我们一样，见好就收，让人类掉以轻心，下次卷土重来也未可知。"

"胡说八道！扰乱军心！"新冠总司令怒不可遏。

"不留后路！骄兵必败！" SARS 总司令也不示弱。

眼看着就要打起来。

"安静！"病毒联合国大会主席埃博拉病毒喊了一声，两位总司令瞬间安静。

埃博拉病毒看起来像柔软的面条，说话慢条斯理，可是大家都怕他。他是最高等级的病毒，感染上埃博拉病毒的人不但会很快死亡，而且七窍流血，死得非常难看。

"今天我们的议题是这场仗还要不要继续打下去。"埃博拉主席说。

"当然要打下去，乘胜追击！"新冠总司令几乎是吼出来的。

"我们发动战争的最终目的不是为了灭绝人类，而是为了和人类共存。像我们这样不挺好吗？"乙肝病毒团的团长慢悠悠地说。

"人类是我们传播和繁殖最快的宿主，放过他们太可惜了。"SARS病毒总司令也不甘心就这么算了。

"我觉得还是退兵的好，咱们斗不过人类的。"天花病毒小心翼翼地说，它们曾经是病毒界的霸主，人类最大的劲敌，但是因为战法保守，又从来不变异，现在只剩下一小点儿在人类的实验室里做标本。

"我反对！"狂犬病病毒咆哮着，"虽然人类发明了疫苗，但是只要有动物被遗弃，我就要战斗不止！"

"我也反对！应该乘胜追击！"艾滋病病毒一直是人类的重点攻克对象，虽然人被传染上必死无疑，但是预防和检测比较简单，就算感染了还能活挺长一段时间。听说人类正在培养针对它的疫苗，所以它有些小私心，想借着新冠病毒肺炎转移人类的注意力。

"还是和人类讲和吧！很多病毒对人类还有好处。人类需要我们，我们也需要人类。"长得像小机器人的噬菌体一直对人类抱有同情心。它们族群庞大，世界上有细菌的地方就有它们，因为它们最喜欢干的事儿就是吃掉各种细菌。

"叛徒！奸细！我们流感病毒屡败屡战，坚决不讲和！"流感病毒愤愤不平，它们看谁都不顺眼，甲、乙、丙、丁四支军团每年都要入侵各种动物和人类，不论输赢，就是喜欢战争，历史上就它们杀人最多，真的是损人不利己啊。

鼻病毒和肠道病毒因为破坏力有限，一直找不到存在感，看病毒们争吵不休，鼓起勇气提议："大家还是民主投票决定吧！"

这次，病毒们一致同意。

投票的结果怎么样呢？你们猜，是战还是和？

老师就不知道了。目前，只看到新冠总司令送过来一份《告人类书》，下面落款的地方还盖着病毒联合国的大印。

我来给大家读一下：

告人类书

人类！病毒世界在向你们提出警告！

虽然你们很大，我们很小，但是我们才是这个地球的霸主！

我们简单，我们执着，我们会不断复制自己，变化多端。

我们到处都是，各种各样，你们却看不见。

跟我们病毒相比，你们人类不堪一击！

不知道为什么却如此的傲慢。

你们嘴太大，腿太长，以为自己能上天入地，操纵自然，

这就是你们最大的弱点！

对我们病毒而言，你们只不过是一个大一点儿的移动加工厂，

走得越远，只会越快传染！

一而十，十而百，百而千，千而万……

瘟疫会席卷大地，只等你们自己完蛋！

别以为你们的医疗技术战无不胜，种个牛痘，吃个糖丸，

比起我们的七十二变还是缓慢！

全球变暖，冻土解冻，会释放无数个千万年前的病毒军团！

别招惹我们，大自然是我们的地盘！

病毒联合国派新冠总司令来谈判，

你们，是和还是战？

病毒联合国

亲爱的同学，你们说，这是一份和约，还是一份战书？你觉得和病毒和平相处好呢，还是与它们战斗到底好？

思考时间

听了这个好玩儿的故事，我们知道了，病毒王国里的病毒还真是不少呢，有埃博拉病毒、SARS病毒、乙肝病毒、天花病毒、狂犬病病毒、艾滋病病毒、噬菌体、流行性感冒病毒、鼻病毒和肠道病毒，还有2019年开始流行的新型冠状病毒。

可是病毒们说，它们要检测一下看你们是不是真的清楚了。

▷ **病毒们的问题：**

1. 故事里的病毒都有哪些？请你把关于病毒的描述和对应的名字连线。

唯一被人类用科学的方法消灭了的病毒　　　　　　狂犬病病毒

专门消灭细菌的病毒　　　　　　　　　　　　　　天花病毒

以疯狗为宿主的病毒　　　　　　　　　　　　　　埃博拉病毒

有甲、乙、丙、丁四种类型，流行最频繁的病毒　　噬菌体

最高防护等级的病毒，可引起人七窍出血　　　　　流感病毒

2. 病毒和细菌有什么区别？请把它们的相同点和不同点填在下面的韦恩图中。

（小贴士：韦恩图，一种集合图。把属于病毒和细菌的特点分别表示在蓝色和粉色的圆圈中，它们之间相同的特点，放在中间重叠的地方）

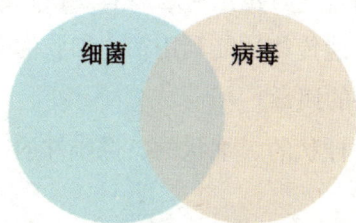

A. 病原性微生物　　　　　　　B. 有害的和有益的都有
C. 有完整的细胞结构　　　　　D. 仅有蛋白质外壳和核心
E. 用抗生素治疗无效　　　　　F. 用抗生素治疗有效
G. 脱离宿主不能独立生存　　　H. 脱离宿主可以独立生存
I. 用一般显微镜可以看到　　　J. 用电子显微镜才能看到
K. 破坏免疫力　　　　　　　　L. 有可能会导致生病
M. 用分裂的方式繁殖　　　　　N. 用复制的方式增殖

3. 了解了病毒世界以后，你认为我们人类应该以什么态度来对待病毒？

A. 了解病毒，研究病毒，利用病毒。

B. 病毒来之前提高身体的免疫力。

C. 病毒传播时要做好科学防护。

D. 已经感染病毒要想办法控制和治疗。

以上可以多选（　　　　）

互动知识窗

1　病毒和细菌

病毒是一种微生物，用放大几万倍的电子显微镜才能看得到。它没有完整的细胞结构，只有蛋白质包裹着遗传物质，病毒遇到适合它们的宿主以后，它的遗传物质能利用宿主细胞的能量和原料疯狂地进行复制，繁殖出更多的病毒。

病毒有球状的、杆状的、细状的、像蜘蛛的，还有表面突起长得像王冠的。

细菌也是一种微生物，有完整的细胞结构，用一般的光学显微镜可以看到它，细菌靠自己就能独立生存和分裂繁殖，一个变两个，两个变四个……

抗生素能破坏细菌细胞的不同部位杀死细菌，但对病毒无效。

病毒和细菌存在的目的相同：繁殖！繁殖！繁殖！

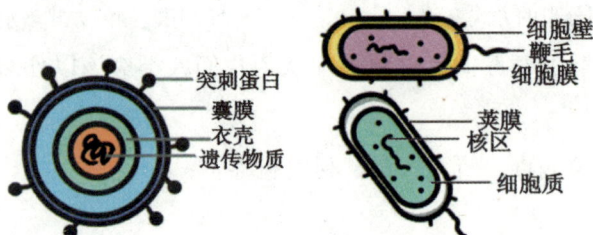

请你在下面方框里画出不同形状的病毒和细菌。

病毒 细菌

2 病毒学

专门研究病毒的学科就是病毒学。病毒学家每天跟传染性很强的病毒打交道很危险,所以要在有防护的实验室进行研究,还要做好个人防护措施。

正因为有这些科学家的牺牲精神,人们才认识了不同的病毒,一些很可怕的病毒还因为人类研制出了疫苗就乖乖地束手就擒。

疫苗是什么呢? 疫苗是丧失了活性或者被减轻了毒性的病原微生物或其代谢产物。某个病毒的疫苗进入人体会刺激免疫系统产生保护物质,那么当这个病毒传播的时候,免疫系统按之前对疫苗的反应,就会轻车熟路地制造出更多的保护物质,人就不会被伤害到了。

疫苗的研发一般要经过复杂而漫长的过程,很多时候,没等疫苗研发出来,病毒传播就已经结束了。

从小到大,爸爸妈妈带你打过什么疫苗呢? 请你查阅自己的防疫证,写在下面的横线上。

_____

_____

3 病毒和细菌的贡献

细菌用处很多，有很多有益细菌人体根本少不了，如食品发酵、工业和农业生产，都需要细菌。病毒尽管很可怕，但是只要合理利用，也可以用来造福人类。

比如那个长着小脑袋的噬菌体，可以杀死有害细菌，还不会有抗生素的副作用。昆虫病毒能杀死害虫，农作物就不用打农药了。有病毒存在，就会刺激我们身体的免疫系统随时警惕，多多练兵，遇到更厉害的传染病的时候就能派上用场。

对科学家来说，病毒的用处就更多了，遗传学研究、转基因研究都得用病毒作为研究对象。

4 著名病毒档案

病毒学家请你当小助手，为几种很厉害的病毒建立档案，请你查阅资料，完成这个任务吧！

病毒资料库

天花病毒：

天花病毒曾经在地球上横行霸道了几千年，它通过空气传播，繁殖速度特别快，30%的感染者都会死亡，病好了的人，脸上也会留下难看的麻点，但是人们发明了"种牛痘"，也就是用疫苗的办法，最终消灭了天花病毒。天花可是人类通过自己的努力，用科学的方法消灭的唯一的传染病。

流感病毒：

每年都会爆发的流行性感冒和普通的感冒可不是一回事儿，它们一个是大老虎，一个是小白兔。

　　流行性感冒是由流感病毒引起的。流感病毒大多是来自禽类，所以我们经常会听到"禽流感"。禽流感里有一部分病毒变异了，可以长时间在人类中传播，一到它繁殖的季节，就跑出来作乱。

　　流感病毒有甲、乙、丙、丁四种类型，人类最容易感染的是前两个，尤其是甲型流感病毒，感染上了就会发高烧、头痛、咳嗽、流鼻涕、肌肉疼，严重的还会得肺炎，引起内脏器官衰竭，死亡率特别高。如果把从古到今因流感死亡的人数加起来，应该是传染病中致死人数最多的。流感病毒也有疫苗，但预防病毒的效果不是100%。这是因为流感病毒太狡猾了，总是在变异。

狂犬病病毒：

　　如果不小心被狗或者猫咬伤，要赶紧打狂犬病疫苗。一旦感染狂犬病病毒，死亡率几乎是100%。家养的宠物，一定要提前接种狂犬病疫苗，不让它们成为病毒的载体，我们自己平时要远离流浪猫和流浪狗，因为它们身上很有可能就携带着狂犬病病毒。这个病毒不但野猫野狗身上有，狼、狐狸、鼬鼠、蝙蝠身上也都有。

埃博拉病毒：

　　安全防护等级最高的病毒。埃博拉病毒是一种能引起人类和其他灵长类动物产生埃博拉出血热的病毒。埃博拉病毒有着长长的纤细的丝，主要通过患者的血液和排泄物传播，症状为发热、肌肉疼痛、急性出血和肝肾功能损害。总病死率平均为67%。

冠状病毒：

　　冠状病毒，在病毒界是一个响当当的存在。不是因为它的刺突长得像王冠就是病毒王国的国王，而是因为它里面的遗传物质容易变异。

　　20世纪，人们就已经发现了几种冠状病毒，病原体来自蝙蝠和老鼠等，通过中间宿主传染给人类，症状不是很严重。21世纪新发现的4种冠状病毒搅得整个世界都不安宁。

2003年，SARS病毒从蝙蝠身上跑到人类身上，令人类闻风丧胆，死亡率大概达到了11%。

2012年，MERS病毒又在中东地区传播开来，闹得人类不得安宁，死亡率大概40%。

2017年，SADS冠状病毒又在猪中间流行，结果2万多头猪一下子就死了，还好没有传染给人。

这次爆发的新型冠状病毒肺炎疫情，罪魁祸首就是2019-nCoV（新型冠状病毒），这个病毒繁殖能力强，变异性快，而且还能适应新环境，给人类带来了前所未有的麻烦，死亡率比SARS低，但是传染性却很高。

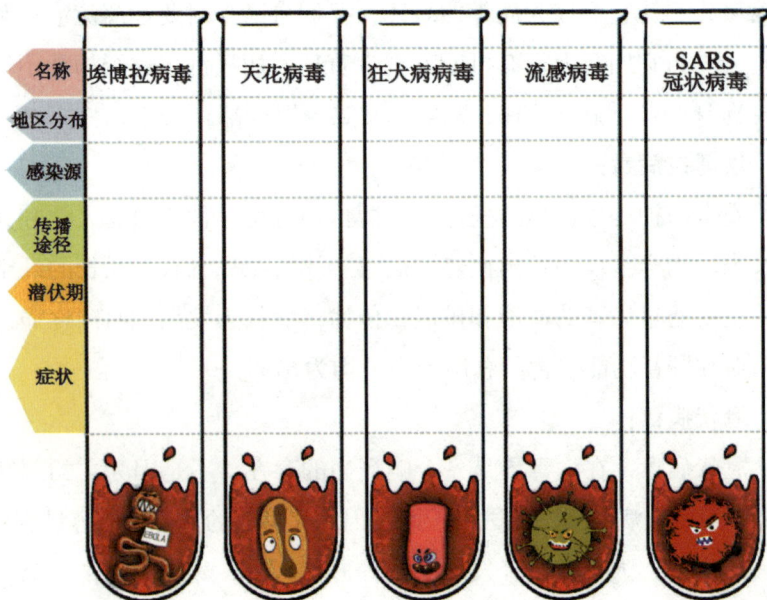

🚀 互动游戏

请同学们认真看这幅图，这里面有流感病毒、冠状病毒、狂犬病病毒、乙肝病毒，还有噬菌体病毒，这五种病毒按照某种规律放在下图格子里，那么最中间方格里的会是什么病毒呢？请你用一分钟的时间找到它。

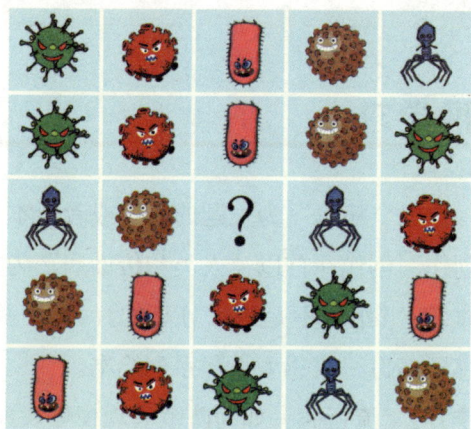

🎯 小小任务

我想你对各种病毒已经有了一定的了解，能够正确冷静地分析病毒对人类有利的一面和有害的一面。请你以人类代表的名义给病毒联合国回一封信，一方面要表现出我们人类愿意和谈的诚意，另一方面也要表现出我们人类文明和科技的力量！

拓展学习

1. 创作一个以"病毒"为主题的故事或者绘本。

2. 诗歌创作：创作一首以"人类和传染病"为主题的诗歌。

3. 阅读推荐：《细菌不是用来分享的》《指甲缝里的细菌生日派对》《流行性感冒病毒·流感大人》系列绘本。

4. 影音推荐：《流行病：如何防范大规模爆发》。

同学们可以扫描下面的二维码，进入《病毒联合国》微课程，通过图片，加深对病毒的了解。

生命知"疫"——
生命教育10堂课

传染病和动物

口罩

赵钰涵（8岁）

口罩，小小的口罩

让我喜欢又讨厌

喜欢它帮我挡住了病毒

可我又讨厌它挡住了我漂亮的脸蛋

口罩，小小的口罩

让我安心又让我烦

感谢它帮我隔离了危险

可我又烦它弄伤了医护人员的脸

添画：在口罩上画出"生病"的城市。

我希望全世界一起把病毒赶走

让大家都摘下口罩露出笑颜

（指导老师：张晓军）

哲学问题：

❓ 口罩为什么会让人安心又让人烦？

❓ 人们经常会产生对一个事物的矛盾心态，你曾经有过吗？

❓ 小小的口罩保护了我们，但是又让我们不能自由地呼吸。不自由，可能就是我们在疫情中最大的感受。大大的人类被小小的病毒关进笼子里，剥夺了自由，这是为什么？

请你和你的家人或者朋友展开讨论。

📖 生命故事

病毒袭来，气势汹汹，人们生病了，城市也生病了。人们寻找病毒的源头，结果发现，还是来自野生动物。野生动物生活在野外，本来应该远离人类的世界，是谁把它们带到城市，又是谁让病毒疯狂传播？找到罪魁祸首，才能挽救野生动物，也才能挽救我们人类。

让我们走进今天的故事，感受野生动物内心的孤独与恐惧，认识传染病。

扫描课后二维码聆听故事：

果子狸，快跑！

兰 岚

鼠年到了，老鼠阿西放自己几天年假，轻轻松松地过大年。

一年到头了，该到亲戚朋友家走动走动。早上，阿西穿戴一新，准备出门。

等等，走亲戚怎么好空手去？

阿西赶紧去储藏室，里面年货满满当当，那可是阿西一年的辛劳成果，好东西就该大家一起分享。

打开了好几道锁，阿西推开了储藏室坚固的木门。

什么！阿西差点晕倒。

满满当当的储藏室，空了！地上零零碎碎地撒了些阿西一直没舍得吃的坚果。

阿西好半天才喘过气，又好半天才让自己的脑子正常思考：

谁干的？怎么进来的？

阿西挨着墙边走，尽量不破坏犯罪现场。

走到储藏室最后面，阿西一下子明白了：储藏室后面的墙壁上有一个大洞，不，准确点说，是大门洞，通向一段隧道。

一定是一只体形比阿西大的动物把洞挖到了阿西的储藏室，毫不客气地偷走了阿西一年的劳动成果。

"强盗！小偷！无耻之徒！"阿西的小眼睛在冒火。

冷静，一定要抓到这个小偷。

到处都有脚印，而且只有一种，看样子是同一个小偷，而且偷了不止一次。

阿西用自己的爪子比了比。大一点儿，像猫爪子，但是又比猫爪子长，长着锐利的长指甲。

会是谁呢？阿西沿着隧道里的脚印走，没过一会儿，阿西就从一个树洞里钻了出来。

"呼噜噜……"

谁在睡觉？一个黑灰色的尾巴尖儿从一堆枯树叶里露出来。树底下坚果壳儿撒了一地。

"小偷，强盗！"阿西一把拽住这根尾巴往出拉。

"啊——"一声惨叫，一只浑身毛的大家伙从树叶里跳出来。说是大家伙，只是相比阿西说的，仔细看其实是个小家伙。

小耳朵、花脸、尖嘴巴、长尾巴，又像狐狸又像猫，一双黑黑的小眼睛惊恐地四下扫了一圈儿，看到是阿西，它才松了一口气。

这是一只小小的花面果子狸。

"老鼠大叔，麻烦松手啊，我好好地睡觉呢，可没得罪您。"

"没得罪我？！"阿西怒吼，"你这个小坏蛋，偷光了我的年货！"阿西指着树洞。

"年货？……"小果子狸好像有点儿明白了，"我躲在那个树洞里的时候挖到的宝藏？"

"宝藏！"阿西气疯了，"那是我家的储藏室！"

"真对不起……"小果子狸快要哭了，"我不知道……"

"走，去见你家长！我要他们赔我！"阿西揪起了小果子狸的耳朵。

"哇——"小果子狸真的大哭起来，"我的爸爸妈妈，我的全家，整个家族全……全都没了！"

阿西惊呆了。没了？什么意思？

小果子狸抽抽搭搭地讲起了它的故事。阿西花了好长时间，才搞清楚情况。

二十年前，小花面狸阿狸的爷爷带着家族生活在深山密林里。它们白天睡觉，黄昏出来一边散步，一边吃着野果，碰上蝙蝠、穿山甲和竹鼠就聊上几句，日子虽然过得平平淡淡，却也很舒坦。

可是平淡的生活被一群扛着枪，带着笼子和捕兽夹的人打破了。

动物们被一笼一笼地带走。个头大的有野猪和鹿，小的有刺猬、竹鼠和蛇，但数量最多的却是果子狸。大白天，它们迷迷糊糊地被人们从灌木丛里赶出来，从岩洞、树洞里掏出来，没法抵抗，也无处可逃。

"小心别弄死了，活果子狸价儿更高，城里人就爱吃新鲜的。"

"这东西要红烧才有味儿。哈哈，我可吃不了这些野东西，不知道都带着什么病。"

人们兴高采烈，露出被烟熏黄的牙齿。花面狸家族有一大半就这样被带走了。

还能怎么办？小花面狸的爷爷只能带着幸存的家人东躲西藏，学着把洞尽量挖深。

后来爷爷也不见了，山林里的动物越来越少，连蝙蝠都被人用网抓走，一网就是上百只。

再后来，听逃回来的蝙蝠说送到城里的果子狸全没了，不是被吃掉了，而是全被"人道消灭"。人们说，果子狸身上带有一种叫SARS的致命病毒，传染到了人身上，人传人，很多人都死了，所以果子狸成了"罪犯"，人们见到果子狸都要捕杀。

蝙蝠说，他们没搞清楚，其实携带病毒的是菊头蝠。蝙蝠之所以能生生不息就是因为这些病毒奈何不了他们，随身携带一些也很正常。其实真正有罪的，是那些抓蝙蝠和吃蝙蝠的坏人。

很多年，果子狸不是在逃跑，就是在逃跑的路上。

其他的动物，不是在餐桌上，就是在去餐桌的路上。

没多久，果子狸又出现在餐桌上。餐桌上的肉，很难分得清哪些是养殖的，哪些是野生的。但是菜单上最贵的菜叫"野味儿"，总有人愿意多花钱吃这些"野味儿"，吃给别人看。

"大补啊！您尽管点，别说果子狸，您就是要吃天鹅肉，我也能给您找出来！"

"当真，那我不成了癞蛤蟆啦，哈哈哈……"人们大笑着，露出白森森的犬牙。

阿狸的爸爸带着妈妈往更深处的密林逃跑，后面有猎狗的叫声。

"我去引开它们，你快跑。"阿狸的爸爸深深地看了妈妈一眼，向着来路跑去。从此，妈妈再也没见过爸爸，更别说她肚子里的阿狸。

有一天，妈妈把阿狸藏在树洞里，出去找吃的，就再也没回来。

饥饿的阿狸只能靠自己，秋天还能找到点果子，冬天就不好过了。阿狸不敢跑出林子，只能在树洞里挖虫子吃，结果，挖到了阿西的储藏室。

就是这样。

唉！也只能这样了。

"听说，前不久城里又爆发了新的病毒，难道这次又要怪你们果子狸？"

阿西突然觉得一阵凉气沿着脊梁骨往上爬，不远处有狗在叫。

"阿狸，快跑啊！"阿西钻进树洞，跑进隧道，向阿狸焦急地招手。

可是阿狸看了一眼那个不小的树洞，毅然决然地朝着另一个方向跑走了。

狗叫声越来越远，春节假期一天天过去，阿西在树洞口等啊等，等到元宵节，也没见到那个小耳朵、花脸、尖嘴巴、长尾巴的果子狸。

"果子狸，快跑啊！"

圆圆的月亮升起来，阿西看到了，一只可爱的果子狸就在里面快乐地奔跑呢！

思考时间

这真是一个让人悲伤的故事。果子狸阿狸一家的遭遇真的很让人同情。它们本来是一个幸福的家庭，却因为某些坏人的贪婪遭遇灭顶之灾。老鼠阿西想问你，当人类遭遇病毒的时候，究竟是谁的错？谁才是真正的超级罪犯？

▶ **阿西的问题：**

1. 果子狸自由自在地生活在深山密林里，为什么却被当成是"罪犯"呢？

A. 被人类误会。

B. 菊头蝠自己不承认，反而陷害果子狸。

C. 偷吃了老鼠阿西的食物被阿西举报。

D. 事实是人类犯了错，果子狸只是替罪羊。

E. 因为果子狸是病毒的宿主，直接把病毒传染给了人类。

你的选择是（　　　　），你选择它的原因是（　　　　　　　）。

2. 什么是传染病，人类为什么会得传染病？

A. 细菌滋生

B. 病毒传播

C. 真菌传播

D. 寄生虫导致

这个问题可以多选（　　　　），你可以从"互动知识窗"里了解一些信息。

3. 你觉得人类应该如何预防传染病的发生呢？

A. 只要天天在家不出门就不会得病。

B. 养成讲卫生的好习惯，注意个人卫生、食品卫生、环境卫生。

C. 加强体育锻炼，提高自身免疫力。

D. 及时接种疫苗（如果有疫苗的话）。

E. 不去人多的地方，不接触患病的人。

这个问题可以多选（　　　　），你可以从"互动知识窗"里了解一些信息。

互动知识窗

1 传染病

传染病是在人和人、动物和动物或者人和动物之间相互传播的一类疾病。传染病的病原体可以是微生物，像病毒、真菌和细菌，也可以是寄生虫，因为寄生虫导致的传染病又叫寄生虫病。

那么，传染病是通过什么渠道传染的呢？

传染病流行必须经过三个基本环节：传染源、传播途径和易感人群。

传染源：病从哪儿来？是人还是动物？

传播途径：通过什么传播的？

易感人群：谁容易被传染上？

一般来讲，老人、婴幼儿，身体虚弱、免疫力低下或者自身就有重大疾病的人，都属于易感人群。

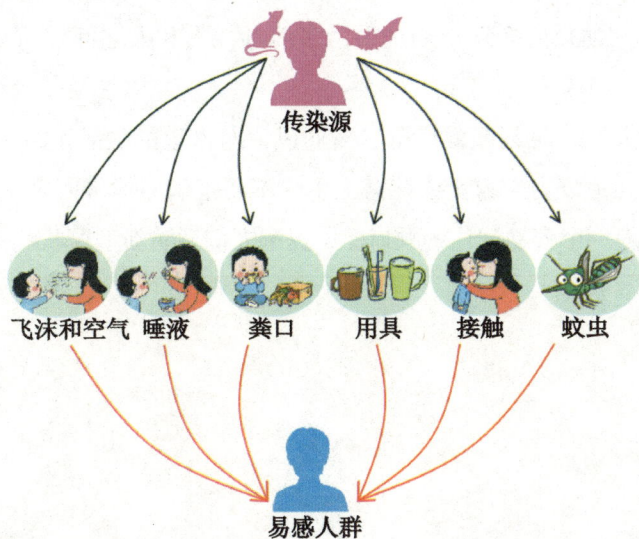

请你将下面的传播途径连线：

接触传播	通过妈妈的身体或者母乳传播
呼吸道传播	通过蚊虫叮咬传播
消化道传播	通过输血传播
血液传播	通过饮食和唾液传播
虫媒传播	通过空气和飞沫传播
垂直传播	通过皮肤接触或者用具接触传播

2　预防新型冠状病毒肺炎

预防新型冠状病毒肺炎还得从传染病流行的三个环节入手。

传染源：找到它，把它和健康人群隔离。流行病学调查员好像是病毒猎人或者病毒侦探一样，寻找病毒携带者的紧密接触人员和疑似病例，然后把他们隔离起来，可以最大限度地避免传染给其他人。

传播途径：是呼吸道传染病，那就要防止飞沫传染和空气传染，佩戴口罩，勤开窗换气，勤洗手，多消毒，人和人之间保持2米以上的距离。

易感人群：时刻佩戴口罩，多通风，对家里的物品进行消毒。多锻炼，增强免疫力，家里人注意卫生，不要把病原体带回家。

请你编一个容易记住的顺口溜，提醒人们预防新型冠状病毒肺炎：

3　传染病和野生动物

我们人类目前发现的大多数传染病的传染源还是来自野生动物。

在整个地球的生态链条里，我们看起来好像下页第②幅图里的样子。但是如果人类不尊重大自然的规律，把生活在野外的动物强行带到人类的世界，那些病原体伤害不了野生动物，但是却可以侵犯人类。

如果我们人类能像第③幅图一样，病毒就很难传染到我们人类身上。

请你描述下面三幅图有什么不同。

①人类和万物没有差异　　②人是万物之王，可以随　　③人类尊重其他生命
　　　　　　　　　　　　　　心所欲　　　　　　　　　的边界

🚀 互动游戏

流调员的工作：传染病流行期间，有一个很重要的职业——流调员，就是流行病学调查员。他们的职责是在传染病流行期间，寻找一切可能传染的蛛丝马迹，搜索传染病来源、传播方式和可能的感染者，就像一个侦探一样。

医院刚刚收治了一个传染病病人，请你根据下面的游戏，找到传染病源。

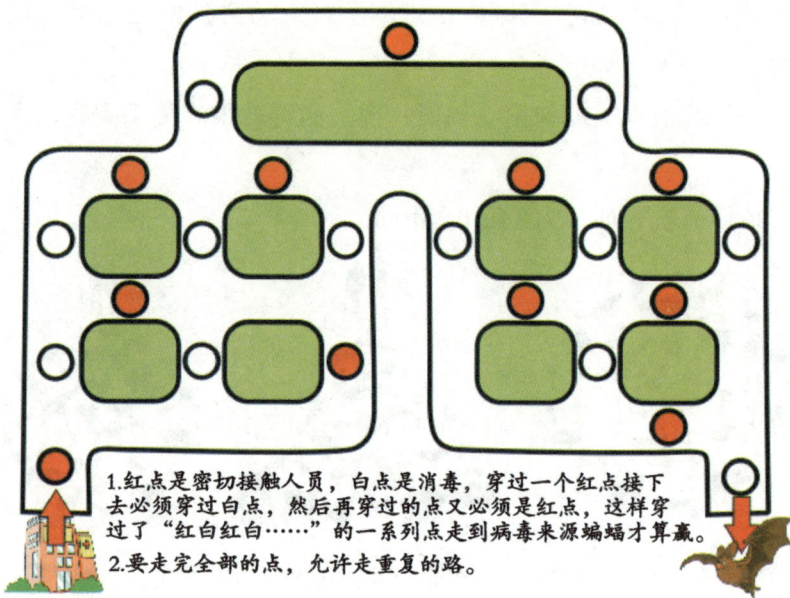

1.红点是密切接触人员，白点是消毒，穿过一个红点接下去必须穿过白点，然后再穿过的点又必须是红点，这样穿过了"红白红白……"的一系列点走到病毒来源蝙蝠才算赢。

2.要走完全部的点，允许走重复的路。

小小任务

请你在下表中用画钩的方式做一个科学的《新冠肺炎鉴别指南》，让看到这份指南的人一看就明白。

临床症状	新冠肺炎	流感	普通感冒
发烧			
咳嗽			
流鼻涕			
鼻塞			
打喷嚏			
咽喉痛			

临床症状	新冠肺炎	流感	普通感冒
咽部不适			
呼吸急促			
浓痰			
呕吐			
腹泻			
四肢无力			
肌肉酸痛			
肺部X光片			

拓展学习

1. 创作一个以"_____，快跑"为主题的故事或者绘本。
2. 文学创作：以"病毒传播"为线索，写7天的病毒日记。
3. 阅读推荐：加缪《鼠疫》、绘本《用两千年战瘟疫》。
4. 影音推荐：美国电影《传染病》。
5. 信息检索：网络上查找改变人类历史的传染病。

同学们可以扫描下面的二维码，进入《传染病和动物》微课程，听一听果子狸的故事。

生命知"疫"——
生命教育10堂课

我和我身边的人

童言童诗

一缕阳光

孙沐萱（8岁）

看不见热闹的街市，
望不见远处的青山，
瞧不见蔚蓝的天空，
甚至是亲人温暖的笑脸。

是恶魔施了法术？
还是地球被摁了暂停键？
还是世界遗忘了时间？

但，
我们不怕，

添画：在一缕阳光的照耀下，
会发生什么？

因为有一缕阳光，

就照在我们的心里面。

哲学问题：

❓ 你有没有压力很大或者心情不好的时候？"一缕阳光"指的是什么？

❓ 这样的情况每个人都会有。遇到困难的事情，为什么有的人只有绝望，有的人却能从绝望中生出希望？

❓ 在你最艰难的时候，你的"一缕阳光"是什么？

❓ 你是怎么寻找或者创造出你的"一缕阳光"的？

请你和你的家人或者朋友展开讨论。

生命故事

在这次疫情期间，有人去世，有人诞生，有的事情离我们很远，有的事情离我们很近。不管是远亲还是近邻，只要你牵挂着我，我牵挂着你，我们就都是对方心里的一缕阳光。下面我们一起来聆听故事《隔壁的蔷薇奶奶》。

扫描课后二维码聆听故事：

隔壁的蔷薇奶奶

玉米风铃

隔壁的蔷薇奶奶，很喜欢蔷薇花。春天，粉粉的蔷薇在她的阳台上热热闹闹地开。蔷薇不开的时候，蔷薇奶奶也不寂寞，因为美丽的蔷薇花，还开在她的沙发上，她的被子上，她的裙子上……

蔷薇奶奶不光是喜欢蔷薇花，她还很喜欢我。

她送给我一盆蔷薇花，还用一块儿开满蔷薇的面料，给我做了一条小裙子。穿上小裙子，我就成了花朵一样的小姑娘。

蔷薇奶奶喜欢我，我也喜欢她。

她虽然看起来那么老，但其实，她比我还要小。

我学会了下围棋，可蔷薇奶奶不会。

"朵朵，你要教我。"

我能把蔷薇奶奶的棋吃掉一大片。不过，有一次，我发现我拿苹果的时候，我的黑子好像少了一大片。

蔷薇奶奶还会要赖皮，蔷薇奶奶比我还小。

我教蔷薇奶奶叠纸飞机，哎呀，她叠得比我的可差多了。

不过，我也不知道，我的纸飞机怎么到了她的手里，她得意扬扬地把它飞出去，对我说："朵朵，你还可以再叠一个更好的！"

冬天来了，为了预防流感，老师教我们戴口罩，教我们正确地洗手。

回到家，我去敲蔷薇奶奶的门，去教她怎么戴口罩。

"要把金属条朝上，伸出两根小手指，在鼻翼旁边按一按。"

"伸出两根小手指，在鼻翼旁边按一按。"蔷薇奶奶也一边说，一边得意地晃了晃她干巴巴的"小手指"。

"再把口罩往下拉，遮住小嘴巴，遮住小下巴。"

"再把口罩往下拉，遮住小嘴巴，遮住小下巴。"

"很好，蔷薇奶奶小朋友，您做得很好。"蔷薇奶奶做得很认真，我忍不住竖起大拇指表扬她。

"再来，我教您洗手。"

"用水湿湿手，抹上洗手液，

手心搓手心，手背搓一搓，

五指交叉搓，细心搓指缝，

两手变空拳，指背也要搓，

拇指别漏下，手腕不放过，

搓出大泡泡，停留半分钟，

冲冲洗干净，疾病远离我。"

蔷薇奶奶学得很认真，不过，很快，她就把手摁在了水龙头上，水花滋滋地冒出来，四处飞溅。

"哈哈哈……"

我跟她都玩得很开心。

当然喽，她只跟我玩了一小会儿，她说她怕冬天玩水，容易感冒。

我真的好喜欢蔷薇奶奶，每天放学之后，我都会去她家玩一阵儿。

但我没想到，有一天，我再也不能去她家玩儿了。

新型冠状病毒出现在我们的城市，它们让很多人都患上了新冠肺炎。病毒从一个人身上跑到另一个人身上，神不知鬼不觉，但却能让所有感染的人，出现咳嗽、发烧、浑身无力、呼吸困难……我的爸爸妈妈不去上班了，我不用去上学了，我们所有的人，都要在家隔离。爸爸妈妈不准我去蔷薇奶奶家，爸爸去超市，也会给蔷薇奶奶带回一个装得满满的购物袋。

爸爸每次把东西放在蔷薇奶奶门口，只是敲敲门，然后就离开。

爸爸说，隔离就是每一个人都必须待在自己家里。

我还可以跟爸爸妈妈说说话，可蔷薇奶奶呢，她一个人住，大概只有一屋子蔷薇花静静地陪着她。

妈妈每次给蔷薇奶奶打电话，我都要凑过去说两句，我知道，蔷薇奶奶最喜欢跟我说话。

"朵朵，听说只要躲在家里，病毒就找不到我们了，对不对呀？"

"对呀！"

"那我们比一比，看谁躲得久！"

"比就比！蔷薇奶奶，您得加油啊，还有，您不准要赖皮！"

"好好好……"

有一天晚上，我躺在床上，突然听到了墙壁"咚咚咚"响了三声。

我吓了一跳，不过我很快就明白了，这是蔷薇奶奶在跟我对暗号。

我也伸手敲了敲墙壁——"咚咚咚！"

第二天，我给蔷薇奶奶打电话，我悄悄问她："蔷薇奶奶，您昨天是不是在说，你好吗？我回答了一下，我很好。"

"哈哈哈，朵朵，你猜错了，我是说，睡觉啦！"蔷薇奶奶又在电话里得意地笑。真拿她没办法！

"蔷薇奶奶，您得经常开窗通风，还有，您得锻炼身体！我今天拍球拍了234个！"

蔷薇奶奶在电话那头立刻说："我拍了866个！"

蔷薇奶奶一定是在吹牛！

我们被隔离了多少天，我已经不记得了。但妈妈每天都说，只要我们坚持在家，等疫情过后，我们就又能出门痛痛快快地玩儿了。

等疫情过后，我要做的第一件事儿，就是去敲蔷薇奶奶的门，听说，她家阳台上的蔷薇花已经开了。

有一天早上，我听到隔壁有很大的动静。

妈妈不让我出门，可妈妈的眼睛红红的："朵朵，蔷薇奶奶生病了，是医生来接她了。"

"蔷薇奶奶，您一定要加油啊！"我不能出门，但我可以在屋子里大声喊。

这一次，我没有听到蔷薇奶奶的回答。

过了两天，我知道，我再也听不到蔷薇奶奶的回答了，蔷薇奶奶已经去了天堂。

"朵朵，奶奶这一次真输了，但你一定要坚持下去呀！"这是蔷薇奶奶留给我的最后一句话。

我在妈妈怀里哭了很久。

"好了，朵朵，不哭了，蔷薇奶奶去了天堂，但她一定希望能看到你开开心心的。"

妈妈突然惊呼起来："快看啊，花开了！"

没错，我也看到了，蔷薇奶奶送给我的蔷薇，已经开出了小小的一朵。

"妈妈，蔷薇奶奶送给我的小裙子，也给我找出来吧！"我想起了那条裙子。

见我抚摸着软软的裙子，妈妈说："朵朵，要不要现在就穿上？"

"现在可以穿吗？"

"当然，我们把空调开得热一点，外面再披上小睡袍，这样就不会冻着了。"

我很感谢妈妈能想出这么好的办法。

穿上蔷薇奶奶送的小裙子，我发现，裙子好像短了一点儿。不过，我好像听见蔷薇奶奶在得意地说："瞧啊，我缝的裙子，把朵朵变成了花朵一样的小姑娘！"

思考时间

朵朵的蔷薇奶奶因感染上病毒去世了，还有很多人也这样去世了，每一个生命都是我们的一部分，每个人的离开都是我们的损失。在抗击传染病的战"疫"中，只有好好地照顾自己，健康地生活，不让病毒有可乘之机，才是对他们最好的怀念。朵朵问你，我们要怎样做，才能保护自己和所爱的人呢？

▶ **朵朵的问题：**

1. 让蔷薇奶奶生病的是什么病毒？（　　　　）

A. 2019-nCoV

B. SARS-CoV

C. MERS-CoV

D. SADS-CoV

答案就在故事里，相信你能找得到。

2. 这种病毒有什么症状？

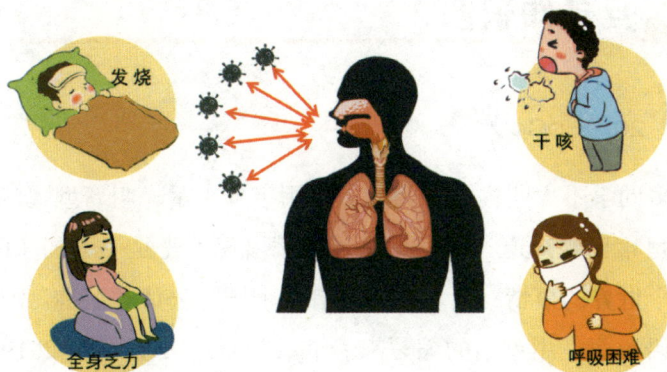

发烧

干咳

全身之力

呼吸困难

3. 在疫情期间，我们该怎样保护自己和所爱的人呢？

A. 尽可能待在家里，不去人多的地方。

B. 出门戴口罩。

C. 保持个人卫生，勤洗手、常通风。

D. 物品常消毒。

E. 多锻炼身体，提高免疫力。

F. 暂时不要和亲朋好友聚会。

G. 拒绝食用一切野生动物。

H. 不吃未经检疫的食物。

I. ……

你还有什么方法，请写在下面的横线上。

_____

_____

_____

互动知识窗

1 2019-nCoV

很多同学不太明白病毒为什么要用字母表示，叫新型冠状病毒不是挺清楚嘛！要知道，任何一个传染病出现不光是一个国家的事情，而是整个世界的事情，所以，必须有一个国际公认的名称。所以就不能用汉语，而是用英语的缩写来表示。"2019"表示的是2019年出现了这个病毒，"N"是new，新的意思，"CoV"是冠状病毒的英文缩写，现在大家都明白了吧！冠状病毒主要通过呼吸道感染，是一种传染性极强的病毒。

2019 -n CoV

年份，2019年出现　　新型　　冠状病毒的英文缩写

2 口罩

在传染病流行期间，口罩是预防病毒或细菌传播的重要用品。关于口罩的知识可不能不知道。

口罩有很多种，什么样的口罩预防传染病效果好呢？请在图片上画"√"。

| 海绵口罩 | 纸口罩 | 棉布口罩 |
| 活性炭口罩 | 医用外科口罩 | N95口罩 |

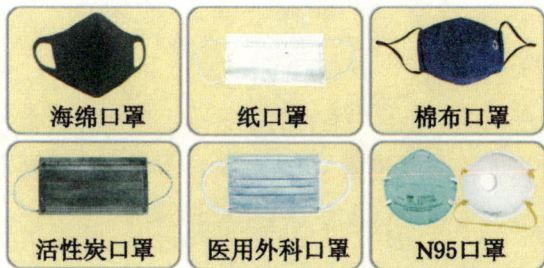

　　口罩应该怎么使用才正确？用完后该怎么处理呢？请认真阅读下面的指南。

一次性医用口罩使用方法
适合大众在公共场所使用

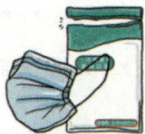

①检查口罩的有效期和外包装。

②蓝色在外面：褶皱朝下；白色在里面：褶皱朝上。

③A.手拉两侧的耳带，口罩中间对准鼻子后把耳带戴上耳朵；
B.拉开口罩，把下巴、嘴巴、鼻子紧贴罩好；
C.按压口罩上沿的金属条或者硬边，让它紧贴鼻梁。

④口罩污染或使用超过4小时就不能继续使用。

⑤拉口罩的耳带取下口罩，放进垃圾袋里绑好再扔进垃圾箱。

⑥用香皂、肥皂或者洗手液洗手。

⑦按照正确的洗手方法来洗手。

　　注：幼童选择正规厂家生产的儿童专用防护口罩。

　　请你模仿故事里朵朵教蔷薇奶奶的《洗手歌》编一首《戴口罩歌》，方便记忆。

3　洗手

　　在传染病流行期间，我们尤其要注意的是勤洗手。特别是在下面的情况中：

　　外出回家后　　触摸宠物后　　吃饭前　　咳嗽或打喷嚏后
上厕所后　　做饭前　　取下口罩后　　使用完公共体育器械后
手脏后　　触碰公用物品后

　　请你按照下面的"洗手七步法"认真洗一次手。

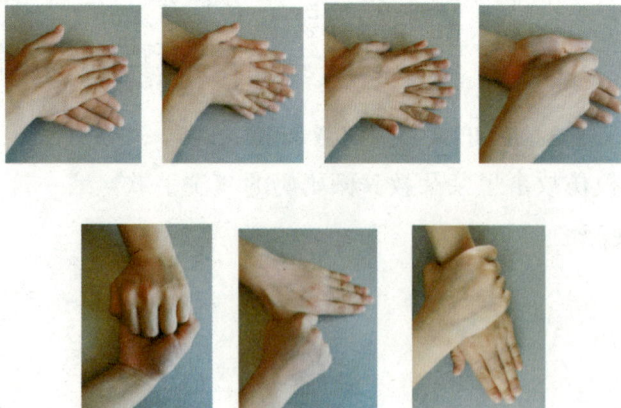

洗手七步法

🚀 互动游戏

找出病例：病毒来袭，很多人都被感染了，医生要用最快的速度从很多病人的信息中筛选出最需要使用呼吸机进行抢救的病人。请你在下面的维恩图里找到发烧、不呕吐、呼吸困难、腹泻的病例。

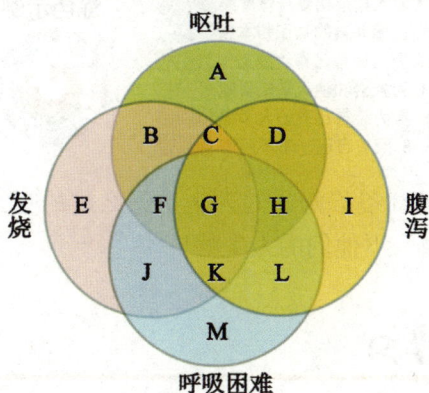

呕吐

A

B　C　D

发烧　E　F　G　H　I　腹泻

J　K　L

M

呼吸困难

🎯 小小任务

生命时钟：虽然生、老、病、死是所有人都要经历的，但是怎样活着才算有意义，怎样活着才算活出了我们生命的长度、宽度和高度呢？我们一起来画一张生命时钟，假如你的人生有120岁，你怎么安排你的人生阶段呢？请为你每一阶段的生命涂上美丽的色彩，让它更有价值！哪一段生命你认为第一重要，请把时针画在上面；哪一段你认为第二重要，请把分针画在上面；哪一段第三重要，请把秒针画在上面。

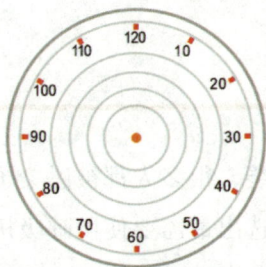

1. 和家人相亲相爱身体健康
2. 学自己感兴趣的知识和本领
3. 勤奋努力做自己喜欢的工作
4. 为社会和他人做出贡献
5. 努力让自己爱的人幸福
6. 回首自己一生不后悔

涂色示例

你的爸爸妈妈、爷爷奶奶的人生是怎么过的呢？请你采访他们，也用钟面图来记录一下他们的人生吧！

拓展学习

1. 艺术创作：创作一幅疫情期间和家人在一起的情景画。
2. 诗歌创作：写一首小诗《致我最亲爱的人》。
3. 阅读推荐：低年级　《爷爷一定有办法》《爷爷变成了幽灵》
　　　　　　　　　　　《獾的礼物》
　　　　　　　高年级　胡安·拉蒙·希梅内斯《生与死的故事》
　　　　　　　　　　　碧姬·拉贝《写给孩子的哲学启蒙书》
4. 影音推荐：电影《夏洛特的网》《寻梦环游记》。

　　同学们可以扫描右面的二维码，进入《我和我身边的人》微课程，聆听蔷薇奶奶的故事。

那些保护我们的人

童言童诗

逆 行 者

司开尹（11岁）

他们的脚步，总是很匆忙

他们的声音，总是很焦急

他们的眼神，总是有亮光

我想问问他们的名字

他们总是在逆行的路上

在路上，来不及和家人告别

在路上，没有时间和家人团聚

在路上，奔赴危险的方向

添画：还有谁有阳光下的翅膀？请画出来。

我还是不知道他们的名字

但我看见

他们身上的白衣

变成了阳光下的翅膀

哲学问题：

❓ 什么是逆行者？有没有人明知道做一件事情很危险，但还要去做？

❓ 这样的人是好人还是坏人？还是好人坏人都有？

❓ 好逆行者和坏逆行者的区别是什么？

❓ 你认为还有什么样的人也有"阳光下的翅膀"？

请你和你的家人或者朋友展开讨论。

生命故事

在城市睡着了的每一个深沉的夜里，还有谁在醒着？还有什么故事在发生？爸爸为什么会失踪？让小乌云来告诉你答案。

扫描课后二维码聆听故事：

我的房间里，有一朵小小的乌云

王　钢

我从来没有见过妈妈这样坐立不安。

她守着窗子往外看了又看，围裙的一角在她的手里揉了又揉，搓了又搓。

我猜，她的心里仿佛有一万只蚂蚁在爬，这一万只蚂蚁爬啊爬，就爬出了六个字——怎么还不回来？

因为我也是这么想的。

我想我的爸爸，他已经三天三夜没回家了。

他悄悄离开的时候，我是知道的。我迷迷糊糊地听到了动静，也朦朦胧胧地看到了他的身影。可是，我太困了，就没有醒过来，没有跟他说"再见"。

我以为，很快就能看见他，就像平常一样。

一觉醒来，他会把金黄金黄的油条和热乎乎的豆浆放在我的面前，会用胡茬儿扎我的脸蛋，会说："来，亲一个，你的最帅最厉害的老爸！"

可是，他已经三天三夜没回来了。

"爸爸去哪儿了？"我问妈妈，"送快递不也得回家吃饭睡觉吗？"

妈妈叹了口气："你爸爸啊，只说自己忙，连电话也不好好接。我觉得，他一定有什么事儿在瞒着我。"

那会是什么事儿？

妈妈又说："要是平时也就算了。你爸爸的工作太累了，每天从早到晚停不下来，就算是收工以后跟他的伙计们撸个串儿喝个酒，我也理解。可是，现在是非常时期啊，你看，大街上哪儿有人啊。他到底在忙什么？我只怕他……"

妈妈忽然停住了口，好像要把某个可怕的词硬生生地咽下去。

我抬起头看妈妈，看她的眼睛。

她的眼睛里，不只是有血丝，还有担心，就像一朵小小的乌云。

这朵乌云，也飘到了我的心上。

虽然我是小孩儿，可是我理解非常时期意味着什么。

因为突如其来的疫情，使我们这座昔日繁华的城市忽然变得冷清起来。家家户户关紧门，希望用这种隔离的方式来阻止病毒的传播。

在这个时候，出门是危险的，和别人接触是更危险的，而最危险的地方，是医院。

我忽然想到，爸爸曾经和妈妈争执过什么，就在几天前，我隐约记得，提到了医生和护士。

如果我能知道爸爸在哪里，爸爸是不是安全，爸爸在干什么，那该多好啊……

又一个夜晚来临了，妈妈关了灯，帮我盖好被子，就轻轻地关上门，到客厅去了。

在关门的那一瞬间，我听到了她的又一声叹息。

月光，照了进来，照在书桌上的那张全家福上。

我的爸爸很帅，尽管他的眼睛好小，一笑就成了一条缝儿。可是，他很有力量啊，他会把我扛起来，还会把我们家扛起来呢。

忽然，我的眼睛一花，心头一松。

什么？就在那张全家福的上面，飘浮着一朵小小的云，一朵小小的乌云？

我揉揉眼睛。

真的是一朵小小的乌云。

难道……

我张大了嘴巴望着它，一时间心停止了跳动。

这时，有什么声音传了过来，从我的门外，从客厅。哦，是妈妈哭了……尽管她有意压低了声音，但是我仍然能听得出来，那是伤心的呜咽。

伴随着这呜咽，乌云又大了一点。

难道……

一阵噼里啪啦的声响。

当我又一次揉了揉眼睛之后，那朵乌云已经变得很大了，而且出现了一个窗口。

什么？

我爸爸？

我爸爸出现在窗口里？

对，就是他，我认得他的头盔，他身上的棉袄是妈妈去年冬天给他买的。

他在医院门口！他正倚着他的摩托车站着，手里拿着一个啃了两口的饼子。

这时，有位医生出来了，在白大褂的外面罩着一件羽绒服。他和爸爸说了些什么，于是爸爸把饼子塞进一个塑料袋，揣进兜儿里。两个人骑上了车子，出发了。

不大一会儿，车停在了一个小区的门口。

那位医生拿出手机，爸爸却摆摆手，调转车头，离开了。

哦，我明白了，爸爸没有收钱。他只是在帮助这位医生回家……

呀，不好！

爸爸的车子晃了两下，险些撞到路边的路灯。

爸爸下了车，把车子停好，一屁股坐在了马路边上，从兜里摸出了那块儿饼。

天，这么冷，他的脸上却冒出了汗。

他一定饿坏了，也累坏了，那饼，该有多么冷，又该有多么硬。

我的泪流了下来。

我顾不得擦眼泪，而是跳下了床——"妈妈，你快来看啊！"

我不知道自己是怎么睡着的。

醒来时，天还没亮。那乌云，已经不见了。

我听到了什么声音，是说话的声音。啊？是爸爸回来了吗？可是，他为什么不来抱抱我，为什么不用他的胡茬儿扎扎我的脸蛋？

客厅里冷飕飕的。

二道门是开着的，而防盗门是关着的——妈妈站在门口。

我不由地发起抖来，可能是因为冷，也可能是因为别的。

"妈妈？"我轻声地叫着。

妈妈转过头，还没张口，另一个声音却响起来："女伢，是我……"

是爸爸？是爸爸！……

我冲到门口，扒着防盗门——可不就是爸爸吗？可是，他为什么不进门，为什么还要离我这么远？他还戴着头盔呢！

好像有什么热乎乎的东西卡在了我的嗓子里。

爸爸，这个从来没有在我面前流过泪的爸爸，却忽然哽咽了。

"对不起，我怕传染你们……"

爸爸，难道爸爸也被传染了？

"爸爸这几天都在忙着接送医生和护士，公交停了，地铁停了，出租车停了，他们没法儿回家，我得帮忙。他们那么累，又那么了不起，你懂吗？"

我懂，我当然懂，我已经不是小孩子了。

"爸爸顾不上回家，那么多人需要帮忙，爸爸也不敢回家，因为我被感染的可能性很大。女伢啊，听妈妈的话。放心吧，爸爸的身体好，能扛得住！不会有事，不会的！……"

妈妈抱住了我。

我哭得那么厉害。

"爸爸——"我有多久没有这么大声地喊过爸爸？

我的心都要碎了。

爸爸走了。

我和妈妈看着他摆摆手，走下楼去。

爸爸走了。

我和妈妈看着他骑上摩托车，又抬起头来摆摆手。

爸爸走了。

他什么时候会回来呢？

不知什么时候，眼泪干了。

"妈妈，爸爸已经回来老半天了吗？你为什么不叫我？你们在说什么啊？"

妈妈勉强地笑了笑，把我搂在怀里。

"你爸爸啊，说的全是别人的事儿。他说医生护士们太辛苦了，戴着口罩穿着防护服，一工作就是十几个小时，饭吃不上一口，水喝不上一口，连厕所都不敢上，还要细致耐心地给病人进行治疗、护理。他接送的第一位护士，是早上六点下夜班的，坐在他的身后，哭了一路，害怕，也委屈，可是第二天还是振作起来按时上班……"

"可是，我爸爸这样的人也很棒啊！他很热心，也很吃苦！"

妈妈笑了，她已经有好几天没有露出笑容了，尽管这笑容转眼就消失了。

"对，你的爸爸也很棒！但是他还是觉得自己做得太少，他说，不是有两座医院只用了十天就建好了吗？那是来自全国各地的工人没日没夜干出来的。他和一位工人聊过天，那位工人啊，拿到了工资之后，转身就买了一些吃的喝的，全部送到医院里，一分钱也没剩下……"

闹铃响了，新的一天开始了。

妈妈在我的额头轻轻一吻："女伢，这场疫情已经是一场战争了，你爸爸，还有千千万万冲在第一线的人，都是勇敢的战士。咱们除了乖乖地待在家里，还可以出份儿力啊。光发愁，没有用。妈妈想好了，我得多准备点吃的，给在楼下执勤的叔叔阿姨们送去！"

回到卧室，那朵乌云又出现了，静静地飘着。

窗帘的后面，隐隐透出光来——是太阳出来了吧！

远处，响起了歌声。然后，是更多的声音加入了这歌声……

我该不该把窗帘拉开？

思考时间

爸爸去哪儿啦？他为什么不回家？还有谁在深夜里回不了家？他们都在做什么？小乌云有问题要问你：

▶ 小乌云的问题：

1. 故事讲完了，你来猜一猜文中这位爸爸的职业是什么？

A. 医生　　　　　　　　D. 警察

B. 社区网格员　　　　　E. 司机

C. 快递员　　　　　　　F. 流行病学调查员

爸爸之前的工作是（　　），现在是（　　）。

爸爸为什么换工作？请写在下面的横线上：

2. 当疫情发生的时候，哪些人是"逆行者"？

A. 医生　　　　　　G. 流行病学调查员

B. 护士　　　　　　H. 社区工作人员

C. 警察　　　　　　I. 城市管理人员

D. 科学家　　　　　J. 快递员

E. 志愿者　　　　　K. ……

F. 解放军

这个问题，你可以多选（　　　　）。

如果你觉得还有哪些"逆行者"，请写在下面的横线上：

_____

3. 美国前国务卿基辛格曾在《论中国》中说过："中国人总是被他们之中最勇敢的人保护得很好。"你认同这句话吗？你愿意做被保护的人还是做保护别人的人呢？

这个答案，只有你自己能回答，小乌云也帮不了你：

_____

4. 在这场抗"疫"战争中，各行各业的人都在自己的岗位上做出了贡献，你只是一个小学生，可以做什么呢？

A. 做好防护，积极应对疫情。

B. 锻炼身体，保持身心健康。

C. 学习知识，提高文化素养。

D. 了解疫情，关注社会热点。

E. 贴心解压，关心家人朋友。

F. 写写文章，发表个人想法。

G. 大胆创作文学艺术作品。

H. 思考未来，如何过有意义的人生。

I. 做上面的事情。

J. ……

你做得最多的是哪些呢？（　　　　）小乌云说："你可别光想不做哦！"

互动知识窗

1 志愿者

也叫"义工"，是那些不要报酬，主动承担社会责任，自愿服务社会和助人为乐的人。

这是志愿者标志，这一设计有什么含义呢？

武汉有一位叫何辉的伯伯说："我有一分力量就出一分力量"，从春节前开始他一直在奔赴各大医院运送物资，义务接送医护人员，后来不幸被确诊感染，经抢救无效离开了这个世界。

在全国齐心协力抗击疫情的时候，像何伯伯这样奋不顾身的志愿者还有很多很多，平时，他们和我们一样都是平凡、普通的人，可是在这个危急的时候，他们却挺身而出，贡献出自己的一分力量。

他们都做了哪些"力所能及"的事情呢？请你写在下面的横线上：

_____

如果你也是一个小志愿者，但是你的活动范围只能是自己的小区或者村子，你可以做哪些"力所能及"的事情呢？也请你写下来：

_____

2　逆行者

逆行者，就好比着火了，大家都从火场往出跑，只有消防员往火场里跑，因为他要救人，他要灭火。在疫情期间，那些义无反顾往最危险的地方去的人就是逆行者。

请你找出下面问题的答案：

（1）为什么医生要睡在地上？

（2）为什么医护人员的脸上有伤痕？

（3）为什么医护人员要写请战书？

（4）为什么钟南山爷爷和李兰娟奶奶这么大年纪了还在抗疫前线？

_____

3　流调员

就是流行病学调查员，他们是传染病时期的福尔摩斯，是疫情战场上的侦察兵，他们和时间赛跑，奔波在医院、小区、机场、高铁站，用最快的速度找出所有可能被感染的人，我们在网上看到的疫情数据很大一部分都来自流调员。没有他们，病毒就会迅速在人群中蔓延。

流调员，是疫情控制的关键，要想准确地收集信息，他们经常会问哪些问题？请你写下来：

_____

_____

🚀 互动游戏

最佳路线： 我们的游戏时刻到啦！这场疫情是会人传人的，所以人与人最好不要碰面。现在快递员叔叔要送医疗物资给慈善总会；警察叔叔要送疑似病例去酒店隔离；医生伯伯要送病人去传染病医院。为了避免交叉感染，他们不能走同样的路，而且路上不能相遇，还要用最短的路线到达目的地，请你帮他们设计路线吧！你只有两分钟的时间。

🎯 小小任务

　　鲁迅在《中国人失掉自信力了吗》一文中说："我们从古以来，就有埋头苦干的人，有拼命硬干的人，有为民请命的人，有舍身求法的人……这就是中国的脊梁。"同学们，你们看，这次疫情中不怕牺牲，不怕辛苦的"逆行者"不正是鲁迅先生所说的"中国的脊梁"吗？正是他们在自己岗位上的埋头苦干，拼命硬干，为民请命，舍身求法，才有了此时此刻我们更多人平安幸福的生活。在中国历史上，这样的人很多很多，他们共同形成了"为了大义，牺牲小我"的民族精神。在你心中，古往今来能称得上"中国的脊梁"的都有谁？请你查找他们的故事，并且讲给你的家人或者朋友听。

📖 拓展学习

　　1. 艺术创作：请你画一幅《逆行者》宣传画。

　　2. 信息检索：尽可能多地在网上搜索医务人员的《请战书》，仔细阅读后给医务人员写一封感谢信。

　　3. 阅读推荐：绘本《长大我要当什么》，图书《中国的脊梁》。

　　4. 影音推荐：电影《攀登者》。

　　同学们可以扫描右面的二维码，进入《那些保护我们的人》微课程，欣赏更多逆行者的感人故事。

生命知"疫"——
生命教育10堂课

第6课
沟通和情绪管理

最近比较烦

金羽堃　（7岁）

最近比较烦，
病毒大魔王来捣乱，
把我们的生活全搞乱。

最近比较烦，
这个病毒到处传染，
小伙伴都不来找我玩。

最近比较烦，
妈妈每天都加班，
没有人陪我一起玩，

添画：疫情期间的心情。

度过漆黑的夜晚。

最近比较烦，
天空都比较暗，
我的心情也灰暗。

最近比较烦，
但我依然期待，
春暖花开的那一天。

哲学问题：

❓ 诗歌里面所说的"烦"的感觉，你在什么情况下也会有？你能描述这种感觉吗？

❓ 和烦恼相反的感觉是什么？怎样才能从烦恼中解脱出来？

生命故事

一提到"外星人"这三个字，你一定特别激动吧，你是不是特别想知道外星人到底是个什么样子呢？它们的生活和我们一样吗？它们长得和我们一样吗？如果你在地球上见到外星人，你能听懂它们的语言吗？让我们来听下面的故事吧！

扫描课后二维码聆听故事：

外星人呱叽呱叽

玉米风铃

那是一个阳光正好的午后，谁也没看清，那艘银色的飞船是怎么降落到草地上的。

"我是来自外星的呱叽呱叽……呱叽呱叽呱叽……"

外星人卡卡是病毒星球的一位侦察员，他的目的是用病毒占领地球，假如地球上生活着胆小又自私的人类，那就很容易成功。为了顺利地进入地球，卡卡把自己伪装成了外星人。可遗憾的是，卡卡的翻译系统出了点问题，以至于他说的每一句话，都变成了呱叽呱叽。

外星人卡卡一来到地球，就受到了地球人的关注。大家都对新来的外星人产生了好奇，不过，所有的人都表现得很友好。

"外星人呱叽呱叽……"这时，一位资深的裁缝已经迅速地扫了他一眼，"肩宽28厘米，袖长68厘米，胸围88厘米，衣长38厘米，好像也费不了多少料。"

没办法，谁让呱叽呱叽的声音太无趣了呢，裁缝只好在心里默默地设计各种衣服，什么燕尾服啦、露脐装啦、蓬蓬裙啦，穿在外星人的身上一定会很好玩吧？

"呱叽呱叽……"

"外星人呱叽呱叽……"这时，一位假发师也在心里盘算着，"嗯，不错不错，这鸭蛋一样的脑袋我最喜欢。如果选用天空蓝的短发一定很酷；水草绿的卷发嘛，不知道他游泳的时候，会不会招来小鱼；要么，太阳金的长发也挺适合他……"

"呱叽呱叽……"

"外星人呱叽呱叽……"这时，一位鞋匠也盯着外星人的脚，认真地思考起来，"外星人，当然跟我们的审美是不一样的，不过，我可以送给他一双特别的鞋子。"

这是一位喜欢创新的鞋匠，他发明过鳄鱼大嘴鞋，发明过狮子头毛毛鞋，发明过白鹤高脚鞋……可是，很少有人喜欢他这些奇奇怪怪的发明。

"呱叽呱叽……"

"外星人呱叽呱叽……"这时，糖果铺的老板也觉得自己可以把糖果给他尝尝。

要是外星人能喜欢水果糖、牛奶糖、跳跳糖、棉花糖……那就太好了！说不定，我会又多了一星球的顾客！

糖果铺老板这么一想，立刻展开了行动。他的口袋里随时都放着一把糖呢，他从口袋里掏出一个彩虹色的棒棒糖，从人群中挤上前去，挤到了外星人卡卡的身边。

彩虹色的棒棒糖散发出了诱人的香甜味。外星人卡卡忍不住接过来，美美地舔了一口，谁都能从卡卡的脸上看得出来他喜欢这个棒棒糖。

"来，跟我去我的糖果铺！"糖果铺老板大胆地抓住了外星人的手。

"啊，跟我去裁缝铺才对呀！"裁缝也上前一步，抓住了外星人的另一只手。

"我的假发是您需要的！"

"要是到了地球不去一下'香掉牙'饭店，那您算是白来了！"

天哪，太多的地球人都拥了上来，他们拉胳膊的拉胳膊，抱大腿的抱大腿，都恨不得要把外星人卡卡给拽成好几块呢。

"呱叽!"外星人卡卡大喝一声,挣脱了大家的拉扯,飞快地钻进了飞船。

谁也没有看清外星人的飞船是怎么消失的。不过,外星人卡卡回到外星球的时候,还在擦汗:"报告,地球人又勇敢又善良,还非常非常的热情,我们不可以攻占地球!"外星人卡卡是这么对国王说的,因此,国王打消了侵占地球的计划。

当然,地球人压根儿也不清楚外星人的真实意图,他们还常常会在散步的途中,或是饭桌跟前,有点儿得意又有点儿惋惜地谈起他们的奇遇:"我曾经遇到过外星人呱叽呱叽……"

思考时间

卡卡到底从地球得到了什么信息,说实话,他还是稀里糊涂的。他只是觉得地球人一点儿都不怕他,而且还挺热情。有一些问题,他也搞不懂,必须问一问你。

▶ **卡卡的问题:**

1. 为什么假如地球上生活着胆小又自私的人类,外星人就很容易用病毒占领星球?

假如地球上的人类都是胆小和自私的,请你推想每一种情况,并对比中国的现实情况,填写下面的表格:

	如果地球上的人胆小又自私	中国的现实情况
政府官员		
医生		

	如果地球上的人胆小又自私	中国的现实情况
警察		
人民		
超市		
学生		
其他		

2. 裁缝、假发师、鞋匠、糖果铺的老板对卡卡有不同的误解，这是为什么？在这次疫情当中，有没有人对同一件事情有不同看法或做法的？请你和同学讨论讨论。

_____

_____

_____

3. 如果卡卡后来意识到是信息传达和理解出了问题，他向国王建议，再去地球。这次卡卡很清楚地告诉地球人，他是携带病毒来入侵的。地球人会有什么样的反应呢？

A. 依然是不同的人会有不同的反应，每个人都是从自己的利益出发。

B. 大部分人会进行防御抵抗，用各种措施制止病毒蔓延。

C. 大部分人会惊慌失措，选择投降。

D. 人们会当卡卡是在开玩笑，依然会热情地对待他。

地球人还可能会有什么反应？请你写在下面的横线上：

互动知识窗

1. 谣言

被捏造出来的没有事实根据的言论或者信息，或者可能有一点点真实的信息，经过歪曲或者部分掩盖后传播出去的信息。

那么这些谣言是怎么产生的呢？为什么会有人造谣？

（1）在特殊的情况下，人们不了解真相，道听途说一点点信息就传播开来；

（2）造谣的人为了自己的某种利益或者想要损害他人的利益，就制造和传播谣言；

（3）某些真实的信息在传播过程中被歪曲或者被错误地理解，最后成为谣言。

现在的信息网络非常发达，一条消息在网络上发出去，或者开始只有几个人关注，这几个人再散播出去，像滚雪球一样，就会迅速地传遍整个网络。

在这个过程中，传播谣言的不一定是坏人，只是一般人在看到一条消息时，在没有确定的情况下就转发出去或者传播出去了，这种不加思考的举动助长了谣言传播。

谣言会像病毒一样迅速扩散，很容易引发人们的恐慌，甚至产生严重的后果。

我们该怎样对待并制止关于疫情的谣言呢？下面哪个方法最

有效？

（1）公布真相。

（2）多了解关于病毒、传染病的知识，独立思考，用科学反击伪科学。

（3）要忽略小道消息，多关注主流媒体的信息，比如《人民日报》、中央电视台等，还有权威专家的信息，如钟南山院士、李兰娟院士等。

（4）对于那些不确定的消息，不要随手转发，可能你是无意的，但是会不知不觉地成为谣言的交通工具，加快了谣言的传播速度。

（5）自己要做到不信谣、不传谣、不造谣，还要用自己的知识去影响身边的人不被谣言欺骗。

2. 案例讨论

在疫情期间，如果各方面的信息没有得到充分的证实，或者人们因不了解而断章取义，或者人们得到的信息本身就是虚假的，会直接产生什么后果？请你根据下面的案例做出判断。

案例（1）：传染病流行期间，某个病毒研究所发出一个信息，说某中药口服液可以抑制新型冠状病毒。然后（　　　）

A. 这种中药口服液会被人买光。

B. 有人会囤积这种口服液。

C. 工厂会加紧生产这种口服液。

D. 这种口服液的价格会上涨。

案例（2）：微信群里有人发了这样一条微信："吃香蕉会得新型冠状病毒肺炎。"然后（　　　）

A. 香蕉没有人买，只能扔掉。

B. 种植香蕉的农民会受损失。

C. 香蕉的价格会下降。

案例（3）：酒精可以消毒，喝烈酒就可以对抗新型冠状病毒。那么（　　　）

A. 白酒的价格会上涨。

B. 不喝酒的人也开始喝酒。

C. 生产白酒的企业销售量增加。

案例（4）：古今中外，谣言产生的原因都是类似的。在我国历史记载中就有"曾子杀人"和"三人成虎"的典故。请把谣言产生的原因和对应的成语连线：

A. 消息或谣言的传播不是完全没有原因的。　　　　谣言惑众

B. 别有用心的人捏造假信息，传播给大众。　　　　道听途说

C. 说的人多了，谣言就被当成了事实。　　　　　　空穴来风

D. 不符合实际情况的信息又错误地传播出去。　　　三人成虎

E. 小道消息，不是经过权威部门发布的信息。　　　以讹传讹

3. 各执己见

快乐、平静、惊讶、愤怒、悲伤、恐惧、厌恶等，都是我们人类的基本情绪，这些情绪其实有一部分是因正在发生的事情而导致，还有一部分是因为我们对于事情的想法造成的。

快乐　　平静　　惊讶　　愤怒　　悲伤　　恐惧　　厌恶

对同样的事情，不同的人会有不同的反应，因为人和人不一样，

对同一件事情，解释的角度不一样，情绪反应就不一样，采取的行动也会不一样。

例如，在病毒流行期间，大家必须在家隔离，对同一件事，人们的情绪反应都不一样。有的人愤怒，有的人恐惧，有的人伤心，还有的人一直很平静，甚至有的人还过得开开心心。

想法（1）："吓死人了，听说这个病毒传染得可快了，好多人莫名其妙就得了，还治不好。天哪，我该怎么办！"

想法（2）："唉！好多人都治不好死了，生命真的是很脆弱呀，说没就没了！唉！活着真没意思！"

想法（3）："虽然在家里出不去，但是我终于有时间多读几本书了，而且爸爸妈妈还陪着我，好开心呀！"

想法（4）："兵来将挡，水来土掩。出不去有出不去的好处，顺其自然，给自己制订一个在家工作的计划，时间没浪费掉就行。"

下面表格里发生的事件，会让你产生什么样的情绪呢？请你进行下面的情绪转变练习，看你能不能识别自己的情绪，换个角度思考，改变自己的想法，调整自己的情绪。

事件	你的情绪反应	还可以这么想	调整后的情绪
有人卖口罩，竟然报价100元一个			
一位医生工作时感染病毒去世了			
因为疫情，中小学不能开学，只能上网课			

🚀 互动游戏

要调整自己的情绪，首先要识别自己的情绪，有一个好玩的办法，就是用颜色来代表不同的情绪。比如，用黄色代表惊讶，橙色代表快乐，红色代表愤怒，黑色代表恐惧，蓝色代表平静，绿色代表悲伤，咖啡色代表厌恶。

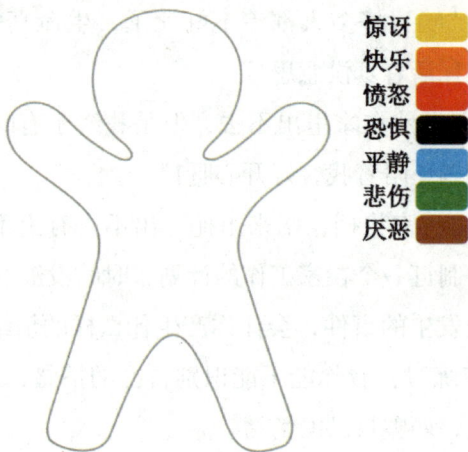

惊讶 ▨
快乐 ▨
愤怒 ▨
恐惧 ■
平静 ▨
悲伤 ▨
厌恶 ▨

上面这个小人儿就是你自己。

拿出你的水彩笔，在家待这么长时间，你每天最多的情绪是什么？请你挑选一个颜色填充在小人儿的左腿；你每天最希望的情绪是什么？请你挑选一个颜色填充在小人儿的左胳膊。

在家期间给你印象最深刻的事情是什么呢？让你产生了什么样的情绪？请你挑选一个颜色填充在小人儿的右腿；还有什么事情对你的情绪有重大影响呢？请你挑选一个颜色填充在小人儿的右胳膊。

现在请你想一想这段时间你感受最糟糕的一件事情，用它的颜色来填充小人儿的肚子部分。

填好了吧？现在请你换个角度想一想这件事，感受一下你的情绪变成了什么颜色，用这个颜色来填充小人儿的胸部。

请你闭上眼睛，深呼吸，感受一下自己现在的情绪，然后挑选一个颜色填充小人儿的头部。

当你有愤怒、恐惧、悲伤等负面情绪时，就用画情绪小人儿的办法，换个角度想问题来帮助你自己。

小小任务

用硬纸板或者卡片纸剪出6个圆形，分别画上快乐、悲伤、愤怒、恐惧、平静、厌恶6种表情，将表情面孔用胶带固定在绳子上挂起来，每天睡觉前回顾一下自己一天的情绪，用回形针别在表示这个情绪的表情上。

每天数一数，看看哪些表情的回形针最多，如果是消极的表情，想一想你是怎么想的，还可以怎么想，看你能不能改变自己的情绪。

拓展学习

1. 有一位小学生因为家人感染了病毒，自己作为密切接触者被隔离。请你给他写一封信，把情绪转换的方式介绍给他，鼓励他积极面对隔离期。

2. 诗歌创作：创作一首以"烦恼"情绪为主题的诗歌。

3. 阅读推荐：绘本故事《我的情绪小怪兽》《我的感觉·成长版》。

4. 手工或绘本制作：《我的情绪小怪兽》（可以用任何一种材料

来制作你的情绪小怪兽)。

5. 以"你人生中的低谷"为主题，和父母谈谈他们经历过的挫折和困难，以及他们是如何度过人生的"至暗时刻"的。

同学们可以扫描下面的二维码，进入《沟通和情绪管理》微课程，结合音频和图片，学会管理自己的情绪。

生命知"疫"——
生命教育10堂课

第7课
紧急情况下的管理

童言童诗

多么希望

薛皓天　　（8岁）

多么希望，我是小魔仙。
轻轻一挥，
就有数不尽的口罩和防护服，
送给白衣天使。

多么希望，我是神农尝过的百草。
在医生手里，
能变成灵丹妙药，
救治不小心染病的人们。

多么希望，我是马良的神笔。

添画：你有一个魔法棒，
会有什么事情发生。

一笔一笔，
画出许多座医院，
让病人得到及时的治疗。

多么希望，我是三头六臂的哪吒。
拿着乾坤圈，
踩着风火轮，
把可恶的病毒全都赶跑。

哲学问题：

❓ 诗歌里的神通广大在现实中都是不可能实现的，为什么小诗人还要有这样的幻想？

❓ 你经常幻想什么？这样的幻想让你有什么感觉？

❓ 假如现实情况不受自己控制，幻想有什么作用？
请你和你的家人或者朋友展开讨论。

生命故事

平时最爱小布丁的爷爷对他冷冰冰的，还把他关了禁闭！难道是小布丁犯了什么大错？可是整个城市的人都被关了禁闭，这是为什么？在紧急情况发生的时候，应该怎么做才能让大家渡过危机呢？

扫描课后二维码聆听故事：

小布丁很生气

玉米风铃

小布丁住在阳光城里。小布丁喜欢这里金灿灿的阳光，喜欢这里蓝莹莹的天空，喜欢四季交替盛开的花儿，喜欢自由自在飞翔的小鸟……他深深地爱着这一切，一切都显得那么的美好。除了……被爸爸妈妈关禁闭，都很美好。

没办法，小布丁太调皮了，他常常会惹爸爸妈妈生气。爸爸妈妈一生气，就把小布丁关在卫生间里，让他反省反省。

小布丁把爸爸的图纸叠成了飞机，被关禁闭！

小布丁把妈妈的口红涂在镜子上，被关禁闭！

小布丁把爷爷的眼镜给藏起来了，被关禁闭！

小布丁把奶奶的毛衣变成了线团，被关禁闭……

可是，小布丁这次明明什么都没有做，爷爷却要关他的禁闭！

爷爷说，小布丁不能再出门了，不光是小布丁，连小布丁所有的朋友，连所有小朋友的爸爸妈妈、爷爷奶奶都必须在家里待上半个月。噢，不是半小时，也不是半天，是半个月！小布丁很生气，非常非常生爷爷的气！哪怕爷爷是阳光城的市长，也不能把人说关起来就关起来！

妈妈告诉小布丁，阳光城最近出现了一种非常厉害的新冠病毒，它能让人发烧、咳嗽、呼吸困难甚至死亡。病毒是通过飞沫与近距离接触传播的，只有把自己关在家里隔离，才能避免病毒的扩散。

"病毒，我不怕！我要出去玩！"

爸爸被吵得不耐烦，让小布丁戴上口罩，带他到大街上看看。

小布丁吃惊极了，这还是阳光城热热闹闹的大街吗？现在的大街上，连个人影儿也见不着，蛋糕店关了、水果店关了、奶茶店关了、玩具店关了……

"没错，游乐场、电影院、音乐厅都关门了，公交车也停运了，咱们只能待在家里，哪儿都不能去，直到医生们把疫情消灭掉。"

小布丁只好回家了，再说了，现在的大街变得一点儿也不好玩。

到了晚上，妈妈拨通了小姨的电话。

小姨是中心医院的护士。小姨告诉小布丁，他们每天都得穿上厚厚的防护服，要工作十几个小时，顾不上喝水，也不能好好地吃口饭。等着被救治的病人太多了！

小布丁心疼小姨，他答应她，好好地待在家里，不给大家添乱。

可是，小布丁还是很怀念从前的日子。他想跟小饭团他们一起去踢球！他想跟小豆包一起放风筝！他想跟小花卷一起玩沙子！他想跟小饼干一起在草地上打滚儿……

现在呢，小布丁只能在家里，一个人，没有朋友，没有伙伴。有时候，小布丁趴在窗口，看窗外的小鸟从一根树枝跳到另一根树枝，从一棵树飞到另一棵树，从屋顶忽地一下飞向高远的天空……小布丁羡慕极了。

但是，小布丁只能关在家里。爸爸妈妈和奶奶，也都被关在家里呢。为了减少跟人接触，爸爸好几天才出一次门，去为大家采购食材。

现在，小布丁家的餐桌上，菜肴都变得非常简单。奶奶说，得省着点吃，不然爸爸成天去超市，多危险！

小布丁很生爷爷的气，这都是因为爷爷不让大家出门！还有，小布丁快要过生日了，买不到生日蛋糕该怎么办？没有生日蛋糕的生日，哪能叫生日呢？没有小伙伴们一起过的生日，多没意思。

爷爷终于回来了!

爷爷回到家,他隔着口罩跟奶奶说话:"老伴儿,帮我找几件换洗衣服,我立刻就要走。"爷爷没有抱小布丁,也没有拉小布丁的手,甚至没跟小布丁说一句话,就急匆匆地进了书房。

小布丁很生气!爷爷好像再也不喜欢小布丁了,对小布丁冷冰冰的。

"奶奶,您来批评爷爷!"小布丁气鼓鼓地拉着奶奶,来到爷爷的书房门口。他听到了爷爷正在打电话。小布丁停下了脚步,爷爷工作时,他不能打扰他。

"喂,是中心医院吗?你们的防护物资够不够?还差多少口罩,还差多少防护服……噢,试剂迟迟没到?好的,我打电话去安排一下。"

"喂,是交通部门吗?关于运送物资的方案,可以调整一下,要确保物资能够高效地运送、发放。还有,隔离期间,要对车辆的上路严格管控……"

"喂,是建设部门吗?随着患病人数的急剧上升,我们要以最快的速度修建两座新的医院,请你们调拨人手,安排施工……"

"喂,是水电部门吗?非常时期,一定要确保水电的供应,如果遇到停电停水,要安排人员迅速进行抢修……"

"喂,是食品部门吗?希望各大超市要坚持营业,坚持供货,保障市民的菜篮子不空……对于不方便进出的人群,要尽量提供上门服务……"

天哪,爷爷打电话也打得太久了!

不过,小布丁听着听着,脾气慢慢地就消了,这次的疫情太严重了,爷爷有操不完的心。

"小布丁,都听见了吧?爷爷这是为了能让大家都过上平安的日子，还生爷爷的气吗?"

小布丁摇了摇头。

"奶奶，您去给爷爷泡杯热咖啡吧，我给他端过去。"小布丁说。

"那你也不能进去，爷爷从外面回来，有可能会携带病毒，所以，他在家也需要隔离。"

"我知道了。"小布丁赶紧点头。

不一会儿，小布丁把咖啡端了过来，他对爷爷大声说:"爷爷，您的咖啡，我放门口了，记得来拿!"

在咖啡杯底下，还压着一张纸条呢，上面写着几个大字:"爷爷，加油!"

思考时间

在紧急情况发生的时候，国家采取了什么措施? 城市采取了什么措施? 每个人应该怎么做? 当个人的自由和紧急情况发生矛盾的时候，应该怎么做? 小布丁有问题要问你。

▶ **小布丁的问题:**

1. 在传染病流行期间，城市发生了什么变化?

A. 所有的人不能出门。

B. 所有的商店、公共场所全部关闭，停止运营。

C. 公共交通停运。

D. 医院里有很多病人。

传染病流行期间，城市或者乡村还有什么变化呢? 请把你了解的实际情况写在下面的横线上:

_____

_____

_____

2. 爷爷作为市长在疫情期间要做哪些决策？

A. 社会治安：疫情期间城市的治安，制止骚乱和违法犯罪。

B. 民生保障：人们的吃穿住行。

C. 防疫抗疫：治病救人，全民防疫。

D. 经济发展：企业生产和商业流通。

E. 交通管理：进出城的疫情防控。

F. 城市管理：协调各个部门，让城市正常运转。

G. 教育：幼儿园、小学、中学、大学停课。

H. 疫情宣传：破除谣言，防疫科普宣传。

在疫情期间，这些决策哪些是最重要的？哪些是最紧急的？请你按照重要性和紧迫性为爷爷要做的决策排列顺序：

_____

_____

一个人要有哪些能力才能成为一个城市的管理者？请你写在下面的横线上：

_____

_____

_____

3. 最终是哪些基层管理人员在执行爷爷的决策和命令？请你圈画出来。

街道办　　物业管理　　村委会　　慈善机构　　派出所

疾病预防控制中心　　交警队　　城市管理　　市场管理　　水电部门

4. 基层管理人员能不能自己做决定呢，还是只需要服从上级的命令？请你就下面的案例和同学展开讨论：

❓ 疫情期间，有一个小区已经隔离不让外人进入，但是小区里住着新冠肺炎定点医院的医生和护士，该不该让这些医护人员进入他们自己居住的小区？

❓ 在一户农村家庭，父母都被送去治疗隔离，幼小的孩子谁来照顾？

❓ 一辆货车在两省交界的高速路上奔驰，由于交通管制，司机没办法进入任何一个省。该怎么解决这个问题？

❓ 孤寡老人把他们一生的积蓄都捐给了重灾区，慈善机构该不该收这些钱？

互动知识窗

1　国家公职人员是做什么工作的呢？

国家公职人员就是由国家负担其工资福利的工作人员，公职人员的工作就是做好国家的管理和对人民的服务。我们国家的主席、总理是国家公职人员，管理整个中国；小布丁的市长爷爷是国家公职人员，管理一个城市；还有省长，管理一个省；镇长或者乡长，管理一个乡镇。还有做一些具体事情的管理和服务的国家公职人员，比如教育局、农业局、卫生局、公安局的工作人员，社区工作人员等。他们就像是庞大的国家机器中的一个个零件，配合起来工作，才能让我们国家正常运转。

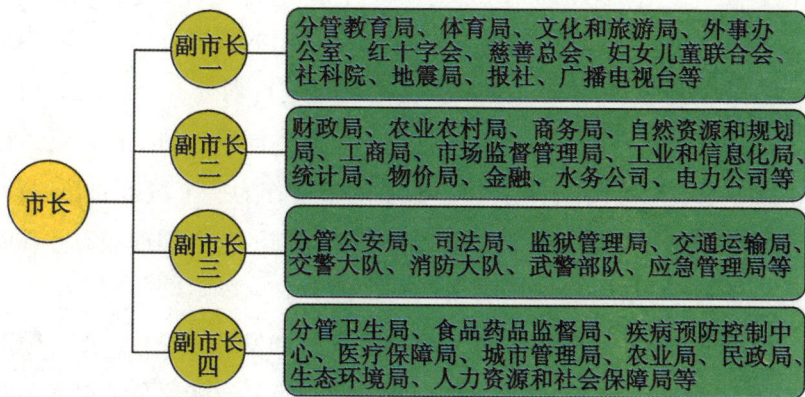

市长

副市长一：分管教育局、体育局、文化和旅游局、外事办公室、红十字会、慈善总会、妇女儿童联合会、社科院、地震局、报社、广播电视台等

副市长二：财政局、农业农村局、商务局、自然资源和规划局、工商局、市场监督管理局、工业和信息化局、统计局、物价局、金融、水务公司、电力公司等

副市长三：分管公安局、司法局、监狱管理局、交通运输局、交警大队、消防大队、武警部队、应急管理局等

副市长四：分管卫生局、食品药品监督局、疾病预防控制中心、医疗保障局、城市管理局、农业局、民政局、生态环境局、人力资源和社会保障局等

2　基层管理人员

如果说市长的管理是一个城市管理的主动脉，那么基层的管理就是城市管理的毛细血管，当紧急情况发生的时候，基层管理人员也要

进行判断和决策，比如慈善机构管理人员、社区管理人员、物业管理人员甚至一个村的村主任，虽然他们很多都不是国家公职人员，但是他们是离老百姓最近的人，小布丁爷爷的指令能不能落实就靠他们。

请你将下面疫情发生期间基层管理人员和他们的工作连线：

慈善机构负责人　　　　　　阻止村民聚集，督促村民戴口罩，监测外来人员入村

社区管理人员　　　　　　　进行流行病学调查，督促疑似病例去医院

物业管理人员　　　　　　　稳定市场物价，避免市场出现供应不足

农村的村主任　　　　　　　疫情期间的社会治安工作

疾控中心工作人员　　　　　合理使用捐款，把募捐物资发放到需要的人手里

派出所所长　　　　　　　　检测进出城市车辆和人员

交警队队长　　　　　　　　监测进出人员，保障居民的安全和基本生活条件

市场管理人员　　　　　　　督促感染的人去医院，为社区居民购买、发放食物

3 管理

在故事里，小布丁的爷爷直接给各个部门的负责人打电话安排工作；在现实中，一个城市的市长会把工作进行划分，交给几个副市长，副市长分管不同部门，这些部门里又有不同职位的工作人员，这样一级一级把工作细分下去。小布丁的爷爷作为一个城市的管理者，担负着一个城市的全部责任，要保证一个城市的公共管理和服务都能很好地运行，这就需要他有强大的管理能力。

城市管理是一门科学，要对城市的运行和发展做规划，把合适的人安排在适合的岗位上去完成这些规划。当意外或者紧急情况发生的时候，能快速地解决问题，让这个城市继续发展。所以，小布丁的市长爷爷不但要有一个思维缜密的大脑，还得有冷静的判断能力，当面对紧急重大问题的时候，能迅速地做出决策。比如面对传染病：一开

始发现有病毒传染，该不该向所有人公布呢？该不该对疫情重灾区的人严格管控呢？要不要禁止公共聚集活动？要不要封闭交通？

　　要做决策，就得将要解决的问题的重要性按顺序排列。小布丁的爷爷打了很多电话联系不同的部门，联系中心医院和交通部门安排防护物资高效地运送、发放；还要对车辆的上路严格管控；联系建设部门，快速修建两座新医院；联系水电部门，确保水电供应；联系食品部门，确保市民们不会饿肚子……面对疫情，在小布丁的爷爷眼里，市民的生命安全和生活保障才是第一位的。

　　在疫情期间，所有的管理人员都要首先考虑到人民的生命安全和生活，大家各司其职，让城市平稳运行，不管是市长还是基层管理人员，都是优秀的城市管理者。

互动游戏

社区工作人员的难题：

　　如果你是社区管理人员，在隔离期间，你负责给每栋住宅楼发放口罩、酒精和消毒液。由于物资有限，每栋楼只能放一种防疫用品，而且任何相邻的两栋楼都不能放同一种。请你利用想象进行推理，A和B分别要放什么物资？

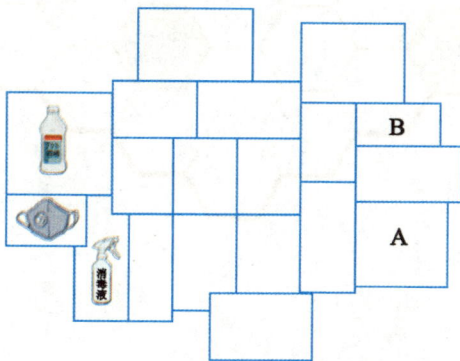

🎯 小小任务

模拟市长：有一位气象学家这样说，"一只南美洲亚马孙河流域热带雨林中的蝴蝶，偶尔扇动几下翅膀，可以在两周以后引起美国得克萨斯州的一场龙卷风。"这就是著名的"蝴蝶效应"。意思是说，一个不起眼的小动作引起的连锁反应最后形成了巨大的后果。如果你是一个城市的市长，在有疫情发生的紧急情况下，你的管理措施会引发什么样的后果？请用下面的蜂巢工具来完善你的管理措施，用你能想到的后果把蜂巢填满，不要留下一个空巢。

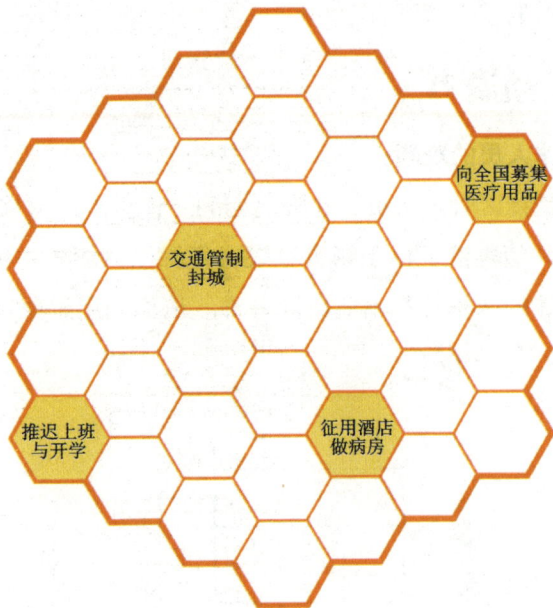

拓展学习

1. 写一段解说词介绍你所在的城市/城镇并进行解说。

2. 结合你所在区域发生的事情，创作故事或者绘本《当病毒来到我的家乡》。

3. 阅读推荐：绘本故事《城市是怎么运转的》《世界城市地图》。

4. 手工制作：《立体城市》，做出能让城市运转的最关键的部门。

5. 影音推荐：《航拍中国》。

同学们可以扫描下面的二维码，进入《紧急情况下的管理》微课程，欣赏音频和精美插图，对小布丁爷爷的工作有更深的了解。

生命知"疫"——
生命教育10堂课

第8课

做自己的生命卫士

我要做这样的英雄

黄贻茜　（11岁）

在病毒来袭时，
钟爷爷和李奶奶去武汉，
妈妈说，他们是英雄。
我心里有个声音说：
做他们那样的英雄。

在病毒来袭时，
叔叔和阿姨去疫情前线，
妈妈说，他们也是英雄。
我心里有个声音说：
做他们那样的英雄。

他们从前线回来了，

我给他们献花向她们致敬。

我说：等长大了，

我也要做你们这样的英雄。

你现在就可以做，他们说，

从现在开始，

保护自然，爱护生命，

你就是个小英雄！　　　　插画：请你为这首诗配上插画

🍂 哲学问题：

❓ 英雄是什么样的人？和普通人有什么不同？

❓ 是什么能让一个普通人成为英雄？

❓ 内心的声音是从哪里来的？你听到过自己内心的声音吗？

请你和你的家人或者朋友展开讨论。

📖 生命故事

你想不想要一朵魔法花？一朵可以听你说话，还能给你出主意的魔法花？卡卡就有一朵，这朵魔法花有多神奇？创造了什么奇迹？让我们来听故事。

扫描课后二维码聆听故事：

卡卡的魔法花

王艳着

夜深了,卡卡却翻来覆去睡不着。他用力闭上眼睛,在心里默数"一只绵羊,两只绵羊……"

一直数到第199只绵羊,卡卡还是睡不着,虽然脑袋很困很困。卡卡想不明白,每年的大年初二他都会和爸爸妈妈去外婆家,为什么今年就不行呢?

"吧嗒!"有东西落在了卡卡的鼻梁上,香香的,软软的。

"哎呀!什么东西?"卡卡伸手摸了个空,猛地打开灯坐起来,"我的天——天哪!会飞的——花?!"

一朵洁白的小花飘浮在半空,两片碧绿的叶子像翅膀一样上下扇动着,朝卡卡点点头说:"你好啊,卡卡。"

"你怎么还会说话呀?"卡卡激动地从床上跳下来,踮起脚尖仰起脸问,"你有名字吗?"

小花洁白的花瓣像彩灯一样依次闪过七彩色,笑着说:"我是卡卡的魔法花,只有卡卡能看见,只有卡卡能听见。"

"我的?"卡卡激动地跳起来。

小花落到卡卡的枕边说:"卡卡,该睡觉了。"

卡卡乖乖地躺下,侧过身看着小花问:"你知道为什么不能去外婆家吗?外婆说她村子里的大喇叭喊了,明天就要封村了,封村就是不准任何人进出。外婆还说不让我出门……"

"没事儿的,快睡吧。"小花轻轻地吹口气,卡卡很快就甜甜地睡着了。

"卡卡，该起床了。"妈妈在门外轻轻地敲门。

"天亮了吗？"卡卡一跃而起，扫视房间四周，看到闪着七彩光的小花，惊喜地大叫，"哇！原来不是梦！"

卡卡快速地跑到客厅，发现爷爷奶奶紧绷着脸坐在沙发上，小花告诉卡卡："爷爷奶奶因为不能出去晨练，闹脾气呢。"

卡卡问爸爸："爸爸，是你不让爷爷奶奶出去吗？"

爸爸把卡卡抱在怀里说："现在出去很危险，因为有一种比流行性感冒和腮腺炎还危险的病毒，而医生还没找到治好它的特效药呢！"

卡卡听了连忙跑去安慰爷爷奶奶："咱们在家里锻炼吧？去年唐豆豆得腮腺炎就传染了我。老师让我们一个星期都不能去上学，这才没有传染给更多的同学。卡卡可不想让病毒传染到爷爷奶奶呀。"

"哎哟！我的小可爱哟！"爷爷奶奶脸上乐开了花，"有卡卡陪着，爷爷奶奶哪儿都不去了！"

妈妈高兴地说："锻炼好身体，免疫力提高了，就能打败病毒了。"

于是，爷爷教卡卡打太极，奶奶教卡卡跳广场舞，卡卡教全家人做广播体操。

正在卡卡跳得起劲儿的时候，小花飞到卡卡面前："停停停！马上停！楼下的小张阿姨快气晕了！"

"哎哟！"卡卡停下来，拍拍额头说，"咱们得找个动静小的运动呀！"

爸爸在网上查到了好多适合在家里做的运动和亲子游戏，全家一起做运动，做游戏，卡卡感觉特别幸福。

妈妈给卡卡讲了很多关于新冠病毒的知识，并告诉卡卡："再厉害的病毒，医生也会想出对付它的办法。"

卡卡攥着小拳头说："我长大了也做医生，打败所有的病毒！"

窗外阳光灿烂，爸爸打开窗子说，"多通风，病毒去无踪。"

"勤洗手，病毒全赶走。"卡卡咯咯笑着说。

小花站在客厅幸福树的叶子上，洁白的花瓣依次闪过七彩光，碧绿的叶子前后扇动，微笑着为卡卡鼓掌。

卡卡站在窗前，外面一片寂静，只有一个穿白色防护服的人背着喷雾器在喷洒消毒液。

爸爸看了看手机微信群，说："明天，咱们小区也要被封了。"

奶奶一听急了，说卡卡正在长身体，这一封不知道什么时候才能出去，必须多囤些食物。

奶奶拉着爷爷就往外走，走到门口对爸爸说："你后面拉着平板车去，不然我和你爸拿不动的。"

妈妈快步拦住说："不能去！现在一定会有很多人去超市，太危险了！"

可爷爷奶奶坚持要出去。

"卡卡，你去拦住爷爷奶奶！"小花飞到卡卡面前说，"他们最听你的话！"

卡卡挡住门，甜甜地说："嘿嘿，谢谢爷爷奶奶这么关心卡卡，卡卡最爱你们了。可是，如果你们被病毒传染了，卡卡会伤心的。"

爸爸耐心地说："家里还有吃的，我们要相信政府不会让老百姓饿肚子；也要相信只要全国人民万众一心，一定会很快取得胜利。"

爷爷奶奶看着卡卡可爱的小脸蛋儿，终于决定不再出门了。

爸爸说得果然没错，物业给每家每户送到门外一大桶消毒液，还说每天都会给大家配送生活物资。

因为家里只有一包口罩，爸爸妈妈决定只有在万不得已的情况下才出门。每天，全家人一起跟着网上学做饭，争取把家里有限的食材做出新的花样。

在家里终于没什么食材可吃的时候，爸爸就在微信群里报名领取生活物资。

傍晚，爸爸戴上口罩和一次性手套把生活物资取回来。回来后，爸爸把鞋脱在门外，把外套挂到阳台上，把废弃的口罩和一次性手套喷上消毒液放进塑料袋扎起来，然后再放进垃圾桶。

家里又有了新鲜的蔬菜和水果，卡卡开心极了。

日子一天天过去，白天，小花蹲在幸福树上微笑着看卡卡和家人一起运动、游戏，一起画海报为疫情严重的地区加油；晚上，小花陪着卡卡一起进入甜蜜的梦乡。

在电视上看到医护人员的脸被口罩和护目镜勒出了血痕，看到他们为了节省时间，就穿着防护服躺在地上抓紧时间休息，卡卡心疼极了。

卡卡对小花说："你走吧，去陪陪那些医护人员吧！"

小花微笑着点头，洁白的花瓣依次闪过七彩光，一眨眼就不见了。

人类终于打败了病毒，卡卡和爸爸妈妈也能去外婆家了，却再也没有见过他的魔法花。

一天，他忍不住把魔法花的事告诉了妈妈，可妈妈说那一定是个梦，说卡卡就是全家人的魔法花。

卡卡亲亲妈妈，捧着妈妈的脸说："妈妈也是卡卡的魔法花，还有爷爷奶奶和爸爸！"

思考时间

在病毒流行期间，我们不但不能随便打喷嚏，还不能到外面去，因为病毒真的是非常狡猾，非常厉害。那么既然我们不能出去，在家里，我们可以做些什么呢？卡卡有问题要问你。

▶ **卡卡的问题：**

1. 这次疫情给卡卡和他的家人的情绪带来了哪些改变？

A. 不能出门很郁闷。

B. 睡不着觉很无聊。

C. 看着疫情发展很焦虑。

D. 在家里自娱自乐也开心。

E. 担心染上病毒很恐慌。

传染病流行期间，你和家人的心理还有什么变化呢？请把你了解到的实际情况写在下面的横线上：

_____

_____

2. 卡卡和家人在家隔离的时候，都做了哪些自我保护、增强身体免疫力的事情？

A. 打太极、跳广场舞、做广播体操。

B. 开窗通风，经常消毒。

C. 全家一起做亲子游戏，做卡片。

D. 分担自己力所能及的家务劳动。

E. 不挑食，多吃水果和蔬菜，养成良好的饮食习惯。

F. 学习新冠病毒的知识，相信医生，保持积极乐观的心态。

G. 正确处理使用过的一次性防护用品。

你和你的家人都做了哪些自我保护、增强身体免疫力的事情？请写在下面的横线上：

_____

_____

3. "魔法花"在哪些方面帮助了卡卡？

A. 抚慰卡卡的情绪。

B. 给卡卡出主意。

C. 鼓励卡卡想办法在隔离期间让自己的生活变得充实。

D. 帮卡卡家购买生活物资。

如果你有一朵魔法花，你希望它做什么呢？请写在下面的横线上：

_____

_____

你可以在下面的方框里画出你的魔法花，或者用任何一种材料把你的魔法花做出来。

互动知识窗

1 积极和消极

在隔离期间，你们家是不是像卡卡家一样积极的生活呢？

积极的生活就是努力进取，让生活向好的方向发展；消极的生活就是不求进取，让生活变得越来越糟糕。

这两种生活都是什么样的呢？

《家庭活动评估表》来帮同学们明确一下。

请同学们选出符合自己家庭实际情况的选项，给你们家打打分。每一项可以打1—5分，最后分别算出积极行为和消极行为的总分。

家庭活动评估表

	积极行为	评分（1—5分）
1	在家锻炼，提高自身免疫力	
2	室内多通风，每天勤洗手	
3	出门戴口罩，进门要消毒	
4	关注疫情新闻，全家一起讨论	
5	学做菜，用有限食材做出新花样	
6	作息时间规律，不睡懒觉，不熬夜	
7	参加网课，按时按点自学	
8	有家庭成员一起参与的娱乐活动	
9	全家人平均每天至少阅读2小时	

积极生活总分：

	消极行为	评分（1—5分）
1	每天追剧或打游戏至少3个小时	
2	家里不注意卫生清洁	
3	出门不戴口罩，进门不消毒	
4	睡得晚，起得晚，作息时间不规律	
5	常吃方便面或其他速食	
6	家长经常吵架，孩子常被责备	
7	没有制订自学计划或不学习	
8	家庭成员没有共同的娱乐活动	
9	全家人平均每天的阅读时间少于半小时	

消极生活总分：

2　身心健康：乐观和悲观

为什么有的人会选择积极生活，有的人会选择消极生活？

很大一部分原因是因为不同的性格导致的。

有的人性格乐观，遇到事情往好处想，相信困难总会过去，相信阳光总会到来；有的人性格悲观，喜欢把事情往坏处想，总觉得事情会有不好的结果。就像同样是半杯水，乐观的人和悲观的人想法完全不一样：

乐观的人：太好了，还有半杯水呢！悲观的人：糟糕，只剩下半杯水了！

乐观的人更容易面对各种困难并且想办法克服困难；悲观的人缺乏面对困难的勇气并且想办法逃避困难。

乐观和悲观的情绪会影响我们的心理健康，从而还会影响身体健康。

苏联生理学家巴甫洛夫说："忧虑、顾虑和悲观，可以使人得病；积极、愉快和坚强的意志以及乐观的情绪，可以战胜疾病，更可以使人强壮和长寿。"这是因为情绪会影响人体的免疫力。俗话说："笑一笑，十年少；愁一愁，白了头"。

下面对于不同事情的解释，哪个是乐观行为，哪个是悲观行为，请你判断一下：

A. 因为办公大楼有人被确诊为新冠患者，小李叔叔作为密切接触者需要在酒店隔离14天。小李叔叔想：没关系，我带上电脑，在酒店办公既不影响工作，还能好好休息。

B. 小强叔叔去药店买口罩，售货员说卖完了。小强叔叔想：糟糕了，这说明疫情很严重，药店都把口罩卖空了。

听说疫苗从研制到使用需要很长时间，小李叔叔和小强叔叔听到这个消息后他们的反应会是怎样的呢？

小李叔叔：_____

小强叔叔：_____

3 免疫力

免疫力又叫抵抗力，是人体自身抵抗疾病，维持我们身体健康的能力。这种能力是人在进化过程中形成的。

　　我们有两种免疫力，一种是你生下来就有的先天的免疫能力，这种免疫力是自然进化给我们的最宝贵的礼物，不管身体遇到什么样的细菌、病毒等病原体，它都会将其杀死或者清除。

　　另一种免疫力就比较专一，是你出生后接触了细菌、病毒等病原体以后获得的，比如，你得了麻疹以后，就有了对麻疹的免疫力；你打了乙肝疫苗，就对乙肝病毒产生了免疫力。

免疫力正常

　　免疫力有三大本领：防御、清洁和监控。

　　第一个本领：防御，就是能识别和消灭入侵人体的病原微生物，包括病毒、细菌等。

　　第二个本领：清洁，就是清除体内衰老、损伤、死亡和变性的坏细胞。

第三个本领：监控，就是识别和清除身体里的基因突变的细胞和病毒感染的细胞。

人体的免疫力在正常情况下，就能很好地保护我们的身体。

免疫力是不是越高越好呢？

当然不是，免疫力太高也不行，免疫系统太敏感，就容易得过敏性疾病，比如过敏性鼻炎、哮喘、荨麻疹等，还会得更严重的自身免疫疾病。

但是如果免疫力低下，细菌、病毒等就会入侵，人就容易生病。

为什么人体的免疫力会下降呢？可能有以下几方面的原因：

A. 先天免疫力低下。

B. 作息不规律，睡眠不足。

C. 饮食不科学，挑食、偏食。

D. 长期不运动或者运动过量。

E. 精神突然受刺激。

F. 情绪不好，容易悲伤、发愁和生气。

G. 生了大病后没有恢复。

那么，如何让人体的免疫力保持正常呢？

请你结合免疫力下降的原因，编一个保持免疫力正常的口诀：

互动游戏

我自己的魔法花：魔法花陪伴着卡卡解决了不少问题，这个魔法花只有卡卡能看见，只有卡卡能听见。

你想不想拥有自己的一朵魔法花？只有你能看见，只有你能听见。

请你扫描课后二维码聆听指导语，创作属于你自己的魔法花。

小小任务

1. 采访：疫情前、隔离中的生活有什么不同？你对疫情过后的生活有什么想法或者规划？请采访你的家人，电话或微信采访你的亲戚和同学，并结合自己的生活体验，用表格来说明：

	疫情前	隔离中	疫情后
爸爸			

	疫情前	隔离中	疫情后
妈妈			
爷爷			
奶奶			
自己			
好朋友1			
好朋友2			
亲戚1			
亲戚2			

2. 记录：乐观的人会把消极行为转变成积极行为，这就需要自律和自律的方法。自律就是自己管理自己，自律的方法就是通过一些办法管好自己。我们可以试试下面的方法：

请你制作《家庭活动检查表》，贴在墙上，每天给自己的家打分。家庭成员可以互相督促，努力做到最好，最后看谁最自律，完成得最好。该项活动坚持一个月就能养成自律的好习惯。

家庭活动检查表

	积极行为	具体方法、内容、时间安排	周一	周二	周三	周四	周五	周六	周日
1	在家锻炼，提高免疫力								
2	室内多通风，每天勤洗手								
3	出门戴口罩，进门要消毒								
4	关注疫情新闻，全家一起讨论								

	积极行为	具体方法、内容、时间安排	周一	周二	周三	周四	周五	周六	周日
5	学做菜，用有限食材做出新花样								
6	作息时间规律，不睡懒觉，不熬夜								
7	参加网课，按时按点自学								
8	有家庭成员一起参与的娱乐活动								
9	全家人平均每天至少阅读2小时								

拓展学习

1. 我的生活我做主：在家隔离期间，有哪些让你觉得很有成就感的事情？请你画出来或者写出来。

2. 请你编一个小话剧并用玩偶表演：《乐观和悲观》。

3. 阅读推荐：绘本故事《小恩的秘密花园》。

4. 影音推荐：电影《爱在飞翔》《永远活下去》。

同学们可以扫描下面的二维码，进入《做自己的生命卫士》微课程，听一听音频，创作属于你自己的魔法花。

生命知"疫"——
生命教育10堂课

第9课

敬畏自然，守护生命

羡慕

佘尚达 （9岁）

我羡慕盛开的花儿，
因为它可以
尽情欢笑；

我羡慕满天星星，
因为它可以
尽情和朋友玩耍；

我羡慕空中掠过的风，
因为它可以
去想去的地方；

插画：请你为这首诗配上插画。

我羡慕流浪的小河，
因为它有规律地
行走在自己的轨道。

虽然在这个特殊的时候，
我哪里也去不了，
但是这花儿、星星、风和小河
给了我自由的希望。

哲学问题：

❓ 自然和人有什么不同？

❓ 为什么自然是"有规律地行走在自己的轨道"上？

❓ 人怎样才能和自然和谐相处？

请你和你的家人或者朋友展开讨论。

生命故事

这个世界有千万种生命，植物、动物，还有我们人类，没有哪一个是坚不可摧的，也没有哪一个是灿烂永恒的。生命最弱小又最强大，最简单又最复杂。让我们一起来听一听下面这个故事吧，也许你会对生命有更深的理解呢。

扫描课后二维码聆听故事：

奶奶的宝贝

卜庆振

小齐的妹妹小鲁闹肚子，已经好几天了，妈妈带着小鲁去医院吃了药打了针，可是小鲁还是哼哼唧唧，一直喊肚子疼。

"妈妈，妹妹肚子疼，是因为上周吃冰激凌了吗？"

"应该不是。"妈妈皱着眉头，"你也吃了，怎么没事儿？"

"是呀！我比妹妹吃得多得多。"小齐点点头问，"那是什么原因啊？"

妈妈心疼地抱紧小鲁："小齐，妹妹的肠道被细菌感染了，本来使用抗生素这样的药就能打败细菌的。因为妹妹经常生病，经常使用抗生素，体内的细菌就适应了这些药物，对药物有了抵抗性，细菌身上就披上了厚厚的铠甲，再吃抗生素就不怎么管用了。"

"细菌披上了铠甲，怎么办呢？"

"医生给开了这个小胶囊。"妈妈拿出一盒蓝色的胶囊，"这不是药，里面装的是包括细菌在内的很多微生物。"

"细菌不是会让人生病吗？为什么要给妹妹吃细菌？"

"不是所有的菌都会让人得病，你喝的奶里不是还有益生菌吗？"

"我们不是要消灭妹妹身体里的细菌吗？"

"我们不是要消灭细菌，而是让妹妹身体里的各种细菌保持平衡，这样妹妹就不会再肚子疼了。"

"保持平衡？"

"对，身体里各种有益菌都要有点儿。就像你吃饭挑食，光吃肉不吃菜，这就叫饮食不均衡，只有什么都吃，身体才会健康。"

妈妈总忘不了抓住机会批评小齐挑食。

可是这能怪小齐吗？蔬菜一点儿都不好吃，硬硬的还有点苦味儿。小齐才不想自讨苦吃呢！

"可是妈妈，妹妹吃了细菌也没好呀！"

是呀，妈妈叹了口气，更发愁了。

小齐叹了口气，也发愁了。

妹妹小鲁哼哼唧唧，声音更大了。

爸爸走了过来："你们娘俩别唉声叹气了，刚才奶奶打电话过来，让我们趁着清明小长假把小鲁和小齐带回老家，说家里有宝贝，吃了这个宝贝，小鲁的病就好啦！"

"什么宝贝，这么神奇？"小齐高兴地跳了起来，一半儿是因为妹妹小鲁，一半儿是因为终于又可以回老家了。

小齐的家在高楼大厦的城市，奶奶的家在有山有水的乡村。

小齐的家只是高楼里的一个笼子，奶奶的家却是河边的一个大院子。

车开过了长长的高架桥，小齐问爸爸："快到老家了吗？"

"快了。"

车开过高高的白杨林，小齐问妈妈："快到老家了吗？"

"快了。"

车开过了弯弯曲曲的盘山路，小齐问爸爸："快到老家了吗？"

"到了，你看！奶奶的家就在前面的村子里。"

"噢……好棒啊！"下了车，小齐就直奔奶奶的家。

小齐好喜欢这个老家，石头铺的小路，红砖砌的院子，木头的大门，猫咪在门墩上打着盹儿，小狗在门口摇着尾巴，奶奶正笑眯眯地迎接大家。

"奶奶，奶奶！您的宝贝是什么？"小齐急切地问。

奶奶拉着小齐进了院子，院子里有绿的青菜，黄的油菜花儿，蜜蜂、蝴蝶飞舞着，"小齐，你看，这就是奶奶的宝贝！"

"是什么宝贝？"小齐睁大了眼睛。什么都没有。

"就是这些菜啊！"奶奶笑着说。

"啊？青菜，那么难吃，算什么宝贝呀?！"

"这可是奶奶自己种的菜，没打农药，没施化肥，还有虫子。"果然，好几条小青虫在菜叶上趴着。

"呃……好恶心，有虫子的菜怎么吃啊？"

"咱们在城里吃的菜，不是打过农药的，就是施过化肥的，看着好看，但是味道不好，还可能有毒性。奶奶给小鲁吃自己种的菜，调理调理肠胃，肚子就不会疼了。"妈妈跟小齐和小鲁这样说。

"难怪呢！"小齐总算明白为什么自己不喜欢吃菜了。

小齐和妈妈帮着奶奶拔了很多青菜和莜麦菜，还抓了很多菜青虫喂了那只老母鸡。

"奶奶，中午咱们就吃青菜炒鸡蛋！"小齐高兴地冲着厨房喊。

"吃菜有什么用，吃肉，吃肉好得快。"爷爷走进院子，双手背在后面拎着什么东西，神秘兮兮地说，"爷爷这个宝贝，小鲁吃了它，什么病都能好！！"

"啊？大雁！"小齐睁大了眼睛，一只大雁躺在笼子里奄奄一息。

"野生的大雁，我好不容易才买到的。大雁熬汤，大补。"

"老头子，吃大雁会得罪神灵的！"奶奶在厨房里喊。

"爸，不能吃野生动物。有人吃野生动物感染了病毒，很可怕！"妈妈一脸惊恐。

"爸，大雁是国家二级保护动物，吃了违法！"爸爸很严肃。

"爷爷，我们把大雁放了吧，大雁好可怜，让它跟家人在一起吧！"小齐摇着爷爷的手。

"不吃，不吃，我不吃，我要大雁飞。"妹妹小鲁的脑袋摇得像个拨浪鼓。

"我小时候就吃过，也没得过什么病。这只大雁可是我从邻村二狗子那儿买的，不少钱呢！"爷爷很固执。

"那也不能吃！"奶奶、妈妈、爸爸、小齐一起说。

"那这只大雁怎么办？二狗子用气枪打的，活不了了。"爷爷无奈地说。

爸爸把大雁从笼子里拿出来，大雁一动不动，只有肚子还有一点点温度。

"已经死了。"爸爸说。

小鲁"哇"的一声哭了，小齐的眼泪也吧嗒吧嗒落下来。

"赶快把它埋了。大雁的神灵会保佑它活过来，也会保佑我们的小鲁快点好起来的！"奶奶说。

小齐和爸爸把死去的大雁埋在河滩边的草丛里。

"有没有奶奶说的那种神灵能让大雁活过来？"一直沉默着的小齐认真地问爸爸。

爸爸想了想，才回答："大雁被埋到地里面，它的身体慢慢地会被各种微生物分解，最后会变成肥沃的泥土，野花野草从泥土中吸收营养慢慢长大，不光有蜜蜂、蝴蝶会来采蜜，还会有大雁飞来，他们吃植物里的昆虫，在草丛里下蛋，孵化小雁……结果就好像这只大雁又活过来了，大自然的力量就是生生不息啊，这可能就是奶奶说的神灵吧!"

"大自然的神灵真的很神奇啊!那我们人呢,和大自然相比,谁更厉害?"小齐追问爸爸。

"人类就是大自然的一部分啊!我们也会生老病死,也得靠吃粮食、蔬菜才能活着呀!"

"妹妹,奶奶的宝贝真好吃!既不硬,也不苦!"小齐夹了一大口青菜放进嘴里,这青菜,可真香!

清明节快结束了,小鲁的肚子不疼了。小齐看着满院子的蔬菜旧茬儿上长出了新叶子,嫩嫩的,绿油油的,黄色的油菜花儿上蜜蜂、蝴蝶在翩翩飞舞。小齐心想:奶奶的宝贝可真多呀!

思考时间

人为什么会生病,奶奶的宝贝为什么会治病?人类该过什么样的生活才能更幸福?人类该怎样和大自然相处?小齐有问题要问你。

▶▶ **小齐的问题:**

1. 小鲁生病的原因是什么,你知道吗?

A. 吃五谷,生百病。

B. 吃了冷的东西,胃受到刺激。

C. 吃了不干净的东西。

D. 生病了打抗生素,引起肠道菌群失调。

最有可能的是哪个原因呢?为什么?

2. 奶奶的宝贝到底是什么呢？

A. 庙里的神灵。

B. 自己种出来的绿色食品。

C. 大自然生生不息的力量。

D. 爱护大自然的生灵。

E. 不食用野生动物。

最不可能的是哪个选项？为什么？

3. 爸爸说的"生生不息"是什么意思？请你画出故事里的"生生不息"。

![互动知识窗]

互动知识窗

1 肠道菌群

肠道是人体最重要的消化和吸收器官，我们摄入体内的营养物质99%要靠肠道吸收。同时，肠道也是人体最大的微生态环境，与我们的生命健康息息相关，70%以上的免疫细胞分布在肠道，承担着抵御疾病的重要任务。肠道的健康就靠肠道里的细菌。我们的肠道里住着100万亿个细菌呢！

过路的细菌不算，人肠道里常住的细菌分成三类：好细菌、坏细菌和中性菌。

好细菌又叫益生菌，我们喝的酸奶里有的就添加了双歧杆菌、乳酸杆菌这样的益生菌，好细菌可以合成维生素，增强抗感染和抗过敏的免疫功能，能帮助食物消化，促进肠道蠕动，还可以抑制坏细菌的生长，分解身体里的有毒有害物质。

坏细菌就是有害菌，有害菌太多，就会引发各种疾病，甚至可能导致癌症或者影响人的免疫功能。

中性细菌，是有时好有时坏的细菌。正常数量对健康有好处，但是失控了，数量太多，或者从肠道转移到身体其他地方，也会引发疾病。

正常情况下，这三种菌群在肠道里进行拔河比赛，小打小闹，不会出大事，因为好细菌军团数量占所有菌群的99%以上，能把坏细菌赶到看不见的地方，肠道被清扫得干干净净。人的排便通畅，口气清新，就不会生病。可是，有时候，如果人身体出了问题，或者过路的坏细菌成了外援，或者生病后用抗生素把有益菌军团消灭了大半，那坏细菌可就会趁机攻城略地，中性细菌也叛变了，肠道被搞得乌烟瘴气，让人肚子疼、便秘、拉肚子、肥胖等，这都不算大事，严重的甚至可能诱发癌症。

请你在下面方框中画出三种菌群的拔河比赛：

2　抗生素和超级细菌

抗生素又叫抗菌素，是治疗细菌感染的药物，但不是万能药。抗生素不分好坏，遇到细菌就消灭，用的抗生素越多，细菌产生耐药性的速度就越快。

在故事里，妹妹小鲁经常打抗生素，体内细菌容易产生抗药性，同时抗生素也会杀灭肠道内的有益菌群，引起肠道菌群失调，导致消化功能紊乱、拉肚子、肚子痛等。

如果多次使用抗生素，那些产生抗生素耐药性的细菌就会存活下来，肠道内的有益细菌可能会永久丧失。而有抗药性的致命细菌会发生基因突变，变成很多种超级细菌。

超级细菌有多厉害？它们几乎是坚不可摧，大多数抗生素都拿它们没办法，感染了超级细菌几乎无药可治。

更可怕的是，超级细菌可以继续繁殖，让它所有的后代都会有抗药性，甚至一些细菌可以把它的抗药性转给其他细菌。

那我们就尽可能地少用抗生素不就行了？事实上由不得我们。

因为还有一个更大的问题常常被忽视，就是食物里的抗生素。现在越来越多的家畜、家禽圈养在拥挤的围栏里，为了避免一只动物生病传染给别的动物，也为了预防传染病的爆发，很多饲养场就给动物喂抗生素。这种做法导致这些动物身上剩下的都是抗生素杀不死的细菌。当人类食用这些家畜、家禽的时候，有抗药性的细菌就会从动物传染到人。

请你在网上查找有关超级细菌的信息。

3 食品等级金字塔

奶奶自己种的蔬菜有什么特殊的地方？和小齐平时吃的菜有什么不一样？请看下面的食品等级金字塔：

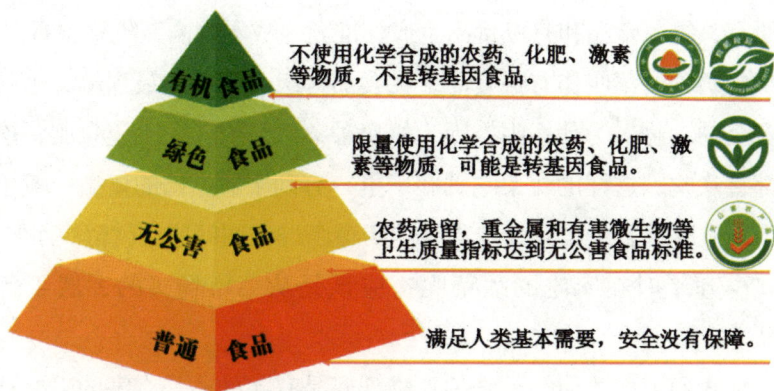

有机 食品　不使用化学合成的农药、化肥、激素等物质，不是转基因食品。

绿色 食品　限量使用化学合成的农药、化肥、激素等物质，可能是转基因食品。

无公害 食品　农药残留，重金属和有害微生物等卫生质量指标达到无公害食品标准。

普通 食品　满足人类基本需要，安全没有保障。

食品按照安全性从低到高分为：

＿＿＿＿＿＿、＿＿＿＿＿＿、＿＿＿＿＿＿、＿＿＿＿＿＿。

普通食品：能够满足基本需要，但是安全不一定完全有保障。

无公害食品：产地环境符合要求，有毒有害物质残留控制在安全质量允许的范围内的食品，各项指标能达到无公害食品的标准。

绿色食品：用特别的方法，使用少量的化肥、农药、激素，没有污染，没有公害，安全、优质、营养的食物，也有可能是转基因食品。绿色食品要经过专门机构认定，才能使用绿色食品标识。

有机食品：原料不受任何污染，不能使用任何化学合成的农药、化肥、除草剂、激素等化学物质，而且在加工过程中不能使用合成的防腐剂、食品添加剂和人工色素，在储藏运输的过程中也不能被有害化学物质污染。

奶奶自己种的菜虽然没有标识，但是也属于有机食品。如果奶奶想要拿到菜市场去卖，就得经过专门机构的检测和认证，贴上标签，才可以作为有机食品来销售。

从价格上来讲，普通食品和无公害食品标准低，成本就低，价格最便宜，绿色食品和有机食品生产标准高，成本也高，价格也贵。

奶奶种的菜叫作有机食品，在食品等级金字塔的最顶端，也就是最安全的食物。为什么呢？因为奶奶种菜不打农药，不施化肥，连虫子都喜欢吃，这样的蔬菜吃到肚子里，有利于益生菌的繁殖，益生菌多了，有害菌就少了，妹妹小鲁的肠道菌群失调问题也就解决了！

小齐平时在家吃的蔬菜呢？应该是从菜市场买的，属于普通食品。

那我们怎么才能知道吃的食物到底是有益的还是有害的呢？这就要看有没有相应的标识。

如果你住在城市，请你做一个调研，调查在超市里售卖的每个等级的食物都有哪些；如果你住在农村，也请你在村子里做一个调研，调查农产品使用化肥、农药和激素等的情况。

4 **生生不息**

大鱼吃小鱼，小鱼吃虾米，虾米吃什么呢？吃海里的浮游生物和海草之类的，这种生物之间吃和被吃的关系就像一个链条一样，环环相扣，可以把它叫作食物链。

但是这种关系并不像链条那样是有一条线索的，而是更复杂的吃和被吃的关系。

比如，非洲大草原上的植物和动物，它们之间的食物关系应该是怎样的呢？我们可以用箭头来画一画。

我们看到，同一种植物会被不同的动物吃掉，同一种动物也可以吃好多种食物，生物之间这种吃和被吃的食物关系复杂得像一个网，所以叫食物网。

真实的世界比老师给大家演示的还要更复杂，因为还有微生物的存在，动物们死后尸体腐烂，融进泥土，又会成为微生物和植物的养分，然后植物生长茂盛又成为动物的食物，大自然里的生物界就是这样从生到死、从死到生的循环，包括我们人类也在这个大网之中，这就叫生生不息。

但是如果一种生物灭绝了，就会影响其他很多种生物的生存，所以保护一种生物，也就是保护了很多种生物，其实也就是保护了我们人类自己。

野生动物不是有机食物。野生动物生活在野外，不但会携带病毒、细菌，它们的身体里面可能还会有寄生虫。而且，野生动物是大自然生态平衡的一部分，杀害野生动物会破坏这种平衡，带来严重的后果。爸爸所说的生生不息的自然循环也会因此受到影响甚至中断。

5　天人合一

中国古人所说的"天人合一"，除了体现在了解大自然的规律、保护大自然、爱护生灵，还体现在利用和改造大自然的方方面面。比如，中国的传统建筑根据气候、环境条件的不同，南方有干栏式房屋，北方有窑洞，这是天人合一。梯田一层层开垦在山地，这是天人合一；两千多年前的水利工程都江堰，根据山水的布局很巧妙地用最小的代价完成了一项让成都平原到现在都富饶的大工程，这也是天人合一。现代，我国发展新能源，鼓励使用太阳能、风能，这是天人合一；绿化西北地区的沙漠戈壁，改善气候和环境，这也是天人合一。

干栏式房屋

都江堰

窑洞

梯田

下面对待大自然的态度哪个是"天人合一"？

A. 人类要研究认识大自然的规律，改造和开发大自然要遵循这些规律。

B. 人定胜天，人类要改造大自然为人类服务。

C. 人类在食物链的最顶端，当然可以按照自己的需要开发自然。

D. 人类只是大自然的过客，最好不要对大自然进行任何改造。

E. 人类要保护自然，和各种生物和谐相处，也让自己生活得更好。

🚀 互动游戏

1. **生物网：** 村子里的孩子在稻田里发现了很多种生物，这些生物之间存在着复杂的吃和被吃的关系，请你用箭头画出它们之间的食物链关系。

2. **生生不息：** 大自然中的微生物、植物、动物形成相互依存的生物链，这样生物才能生生不息。下图表现了地球生物的紧密关系，图内共有多少种动物？多少种植物？多少种细菌和病毒？请你数一数。

动　　物：＿＿＿＿＿种
植　　物：＿＿＿＿＿种
微生物：＿＿＿＿＿种

小小任务

动植物的朋友圈：观察你身处的大自然，寻找周围的动物、植物，画图描述它们之间的生物链关系。

物候观察表

观察地点：		观察人员：	
	第一次	第二次	第三次
天气			
植物			
动物			
人群			
纪实	描述、绘图、照片等		

拓展学习

1. 童话创编：《肠道里的战争》。

2. 现场调查：请在超市里找出酸奶、乳酸菌饮料等含有益生菌的食品；请在药店调研各种抗生素。

3. 立体场景制作：《我的生态农场》。

4. 阅读推荐：《细菌小不点儿人体历险记》《堇花婆婆的秘密》《田野动物》《花婆婆》《我的收藏：寻找大自然的宝藏》等。

5. 影音推荐：纪录片《大自然在说话》《家在水草丰茂的地方》，动画短片《美丽的森林》。

同学们可以扫描下面的二维码，进入《敬畏自然，守护生命》微课程，对"奶奶的宝贝"有更深刻的理解和认识。

生命知"疫"——
生命教育 10 堂课

我们是未来的主人

童言童诗

如果有一天

李攸然　（9岁）

同学们！

如果有一天，我们再也不能
在同一间教室上课。
如果有一天，我们再也不能
在同一片操场游戏。

如果有一天，
大自然再也不让我们亲近，
如果有一天，
灾难把我们推向深渊。

插画：请你为这首诗配上插画。

那将是多么可怕的一天！

不！我不想这样！

我希望——

未来，

我们还在同一片蓝天下奔跑，

我们还能在同一个世界，

和大自然亲近。

所以，趁现在，

一切都还来得及。

哲学问题：

❓ 你心中的未来世界是什么样的？

❓ 你心中未来的你是什么样的？

❓ 未来谁也看不到，为什么我们还期待它？

请你和你的家人或者朋友展开讨论。

生命故事

同学们，从现在开始算，二十年后，你们就是二十多岁、三十多岁的青年人，那时候你会是什么样子呢？是一个帅帅的小伙儿，还是一位美丽的姑娘？二十年后的城市会变成什么样呢？农村会变成什么样呢？二十年后的中国和世界又是什么样子的呢？

扫描课后二维码聆听故事：

爷爷的新工作

卜庆振

武汉 2040 年的春天，画家小乐在"彩虹花工作室"一边画着绘本《板蓝根的故事》，一边给哥哥小翼打电话。

"哥，回地球了吗？"

"刚回到单位报到。小乐，家里人都好吧，我明天就到家了！"

"太好了，哥哥！你在太空待了整整三年了！大家都想你啦！但是你明天别回家，家里没人，明天你直接到金银湖湿地公园，大家都在那儿！"

"到湿地公园干吗？天天吃太空餐，我好想妈妈的热干面和红烧肉啊！"

"哈哈，别着急，肯定能吃上！你去了就知道了！"

第二天一早，小翼就回到了武汉。比起三年前，这座城市更繁华了，飞行巴士在不同高度的空中飞驰着，载着这个城市大多数的上班族。武汉这座湿地之城变成了一个美丽的花园城市，所有的建筑物都被立体绿化了，因为是上班时间，街道上的外国游客比中国人还多。

小翼从飞行巴士上往下看，金银湖湿地公园的水鸟一群群，密密麻麻地在水面上起起落落，自从二十年前国家立法全面禁止野生动物交易和食用以来，金银湖湿地的水鸟多得不可思议，武汉连蚊子都很少见了。

小翼是一位微生物科学家，二十年前，新型冠状病毒肺炎肆虐，他还是个六年级的小学生，眼看着最爱他的奶奶和他最勇敢的爸爸被病毒夺去了生命。从那个时候起，本想当宇航员的小翼下定决心要做一个专门研究病毒的科学家，谁知道呢，命运的安排就是这么奇妙，小翼不但成了同行口中的"病毒猎手"，还被选中在太空中进行病毒研究。

飞行巴士平稳地降落在湿地公园门口，小翼一下子就看到了爷爷、妈妈和妹妹小乐，他飞奔过去，拥抱着大家，眼泪不由自主地涌出了眼眶。

这是一个医学世家。爷爷是一名老中医，家学渊源，祖祖辈辈都是中医；爸爸是眼科大夫；妈妈是呼吸内科的主治医师；奶奶曾经也是护士。在疫情爆发的时候，爸爸上了战场。爷爷的中医药方配合西医治疗，在临时建造的方舱医院取得了很好的效果，但是奶奶和爸爸感染得早，没能扛过去。

奶奶和爸爸去世后没多久，武汉战"疫"成功，妹妹顺利出生。看着小家伙圆圆的小脸蛋儿，妈妈又悲又喜。爷爷说家里人以后都要快快乐乐地替去世的人好好活着，就给她起了这个名字：小乐。

只可惜小乐只喜欢画画，对医学没兴趣。爷爷常叹着气："杏林世家，后继无人呀！"

现在，爷爷快九十岁了，可看起来像六七十岁，特别精神。

"爷爷和你妈妈在这儿上班，暂时走不开，所以就叫你们过来了。"

"上班？"小翼不相信自己的耳朵。"我没听错吧？您都快九十岁了，怎么还上班？还有妈妈，您不是也退休了吗？"

"这还不是多亏了你们的微生物研究，不但能快速识别有害微生物，还能把有益微生物合理利用，你在太空这三年，人类的平均寿命已经提高了十五年，我跟爷爷身体都很好，工作一点儿问题都没有。"妈妈虽然快六十岁了，但是脸上连一条皱纹都没有。

"可是爷爷，您是中医，在湿地公园能做什么工作呀？"

"呵呵，真像《西游记》里说的天上一天，地上一年啊。你还不知道，现在中医可是全世界医学研究的香饽饽喽！最好的医学不是治好病的医学，而是让人不生病的医学。在治疗慢性疾病和增强人体免疫力方面，中医的方法更好，而且，现在中医和分子生物学、智能医学结合，从更微观的角度研究中药、运用中医，我们这些老中医是永远都没法退休喽！"爷爷说得都停不下来。

"这个湿地公园环境特别好，很适合一些中草药的生长和改良，我就在这里的中药研究所指导年轻人培育和炮制这些中草药。湿地公园空气湿润，有利于重症肺炎患者后期的康复，所以，你妈妈也在研究所参与呼吸系统的综合实验研究，所以说，我们现在是同事了。哈哈哈……"一家人都跟着爷爷乐了。

"其实还有我。"小乐说，"虽然我没在研究所上班，但是我的彩虹花工作室正在给研究所画画，而且，爷爷现在是兼职给我当助手。"

"你，也搞医学啦？"小翼彻底被弄糊涂了。这个妹妹，从小就发誓说自己绝对不会学医的。

"对呀，我们在给小朋友画一套《中国中草药故事》的绘本，让小朋友从小了解中医和中草药，爱护大自然的一草一木。这套绘本是全智能3D成像的，不但可以把我们画的画面变成立体的，还能展现中草药从种子变成中药的过程，我现在正在画《板蓝根的故事》呢！爷爷就是我的中医药顾问！"

"不光有《板蓝根的故事》，人参、当归、防风、茯苓、天麻，哪一味中草药不是中国人发现的，哪一个不是大自然的厚礼！这些植物后面的故事，就是我们中国人和疾病斗智斗勇的历史啊。不能忘记这些历史，是很多人用生命换回来的……"爷爷望着远方的湿地，一群白色的水鸟轻柔地掠过水面，飞进了郁郁葱葱的芦苇丛里。水面泛起了涟漪，在晨光的照耀下，波光粼粼。

小翼仿佛又看到了爸爸，他躺在病床上，白色的口罩上那明亮的双眼，就是这样轻柔地掠过家里每个人的脸庞。竟然妹妹也在，爸爸告诉他俩，等爸爸病好了还要上一线，不当逃兵，要给他们做个好榜样，做个男子汉，保护家里人，保护每一个人。

小翼看到了奶奶，每天早晨一睁眼，总能看到奶奶笑眯眯的脸和一碗香喷喷的热干面。奶奶说等她病好了，就带小翼上黄鹤楼，去长江边找白鳍豚……

二十年前的武汉，每个人的声音，每一幕画面都像是烙刻在他的记忆里，小翼怎么可能忘记呢！他恋恋不舍地把目光从闪烁的水面上移开，转向小乐："小乐，咱们再给小朋友画一套绘本吧！名字叫《病毒的故事》。这套书，我给你当顾问。"

思考时间

二十年后世界是什么样子的？中国是什么样子的？城市和乡村会有哪些变化？你会成为什么样的人？人们还会不会记得这段跟抗击疫情做斗争的经历？小翼有很多问题要问你：

▶ **小翼的问题：**

1. 二十年后你的家乡是什么样子的，请你想象一下。

在这个故事里，作者想象二十年后的武汉：花园城市，空中交通，智能科技高度发达，人和动物和谐相处。请你想象二十年后你的家乡会变成什么样子？如果是城市，城市会是什么样子？如果是农村，农村会是什么样子？人们住在哪儿？穿着什么样的服装？脸上是什么样的表情？乘坐什么样的交通工具？他们都在做什么？你在哪儿？你是什么样子的？你在做什么？你的心情怎么样？请你闭上眼睛想一想，然后把这些画面画下来。这就是你心中对未来的"愿景"。

2. 小翼为什么要改变自己的理想，去当一名微生物科学家？请你根据下面的资料为疫情中失去亲人的孩子们写一封信：

在新型冠状病毒肺炎疫情期间，武汉很多感染病毒的人都失去了生命，就像故事里小翼的奶奶一样。还有一些医务人员，他们是离死神最近的人，冒着被感染的风险救治病人，一些医生和护士也感染了病毒，倒在工作岗位上。故事里小翼的爸爸就是这样因公殉职的。

小翼，一个上六年级的少年，一下子失去了两位最爱的人，这是多么让人难以承受！但是，爸爸是最好的榜样，小翼把对奶奶和爸爸的爱，对病毒的恨转化为对世界的大爱：去研究病毒，打败病毒，改变世界！这得需要多么善良，得有多么坚强、多么宽广的胸怀啊！

在武汉，就有像故事里的小翼这样的孩子，爸爸或妈妈为抗击疫情献出了生命，请你给这些孩子写一封信，让他们早一点走出伤痛，过好未来的生活，他们的爸爸妈妈在天有灵，也会为他们感到欣慰和骄傲的。

3. 爷爷说"最好的医学不是治好病的医学，而是让人不生病的医学"，你心中未来的医学是什么样的？请你以"未来医学"为关键词，在网上搜索相关信息，画出一棵关于未来医学发展趋势的"预言树"。

互动知识窗

1　中医

在故事里面，二十年后的世界，因为医学的发展，人们活得时间更长，身体更健康。为人们的健康长寿做出贡献的，不但有现代医学研究，还有我们中国的传统医学，就是我们经常说的中医。

中医应该说从中国的原始社会就有了，最古老的医学书叫《黄帝内经》，传说是我们的人文始祖黄帝创作的。实际上是从两千多年前开始，一代又一代的医生边用边修改，一起完成的。

中医独特的地方在于把人作为一个整体甚至生活环境的一部分来看待，也就是说，如果一个人身体某个地方出了问题，这个问题不单单是这个地方的，而是整个身体出了问题，甚至是他的生活环境、生活习惯出了问题，症状表现在身体的这个地方。所以，哪怕是不同的人得了同一种病，生病的原因可能都是不一样的，治疗的方法也会不一样。

中医在治病的时候，不像西医要开很多化验单，做很多检查，而是要望、闻、问、切，就是仔细看病人的气色，听一听声息，问一问病前和生病时候的情况，甚至病人的心理状况，再感受一下病人的脉象，最后做出综合判断。越有经验的医生诊断得就越准确。故事里小翼的爷爷就是一位老中医。

爷爷会怎么给病人做治疗呢？一般都是开中药、针灸和拔火罐。

中药　　　　　　　　针灸　　　　　　　　拔火罐

听起来是不是好复杂呀！所以现在去医院看病大部分都是看西医。化验、打针、吃药、做手术……哪里出问题就治哪儿，简单明了。但是，谁愿意生病啊！最好的医学就是让人别生病！中国古代有个叫扁鹊的医生也是这么说的，最好的医生是在生大病前就通过治小病把病根除去了。在预防生病和增强人体免疫力方面，中医可最有经验了！在这次的新型冠状病毒肺炎治疗中，就是西医和中医结合治疗的，据说中药汤剂的效果还真不错呢！

中国几千年的传统医学史上，出现了很多名医，他们撰写的医书和创造的治疗方法，都是我们的宝贵财富。

请把下面的名医和他们的贡献连线：

扁鹊　　　　　　　　《本草纲目》
张仲景　　　　　　　《千金方》
华佗　　　　　　　　《扁鹊内经》
孙思邈　　　　　　　麻沸散
李时珍　　　　　　　《伤寒杂病论》

中医是中华文化的瑰宝，德国、日本、韩国都有专门研究中医和中草药的机构，在未来，我们一定能看到中医发扬光大，为全世界人民的健康做出贡献。

2 中药

中医在对病人做出诊断后一般要开药方。药方里写着很多古怪的名字，比如防风、连翘、半夏、独活、续断、白头翁、当归等，这些都是中药。

中药基本上都是采集天然的植物、动物和矿物经过一定加工，也就是"炮制"才能使用的。医生根据病人的情况，开出药方，药方里写清楚各种中药的剂量，然后把这些药配合起来煎煮成汤剂或者做成药丸服用。

因为中药里植物药最多，所以又叫"中草药"。

下面是一首有趣的介绍中药的"宝塔诗"，请你欣赏：

中 药

马传胜

药，

温热，寒凉。

具五味，调五脏。

用之如兵，疾无不羌。

时珍著本草，仲景组良方。

相恶相反禁配，相须相使效强。

宣通补泻轻重记，滑涩燥湿功用良。

——《马传胜诗集》

温热寒凉指的是四种不同的药性，叫作四性。

五味是指药物有酸、苦、甘、辛、咸五种不同的味道。

五脏指的是心、肝、脾、肺、肾。

按照病情的不同需要和药物的不同特点，有选择地将两种以上的药物合在一起使用，叫作配伍。相须、相使能提高药的效果，是常用的配伍方法；相恶、相反则是配伍用药的禁忌，会降低药物的功效甚至可能产生毒性或者副作用。

3 西医

指的是现代西方国家的医学体系。医生借助先进的医疗仪器、设备和实验室做出的对疾病准确的诊断来治疗。治疗方法有西药治疗、手术治疗、激光治疗和化学药物治疗。

请把下面的医学关键词和中医、西医连线：

望、闻、问、切		天然药物
化学合成药物		针灸
精确化		整体观念
放疗化疗		模糊化
治疗生病的人	中医	治疗人得的病
微观		宏观
四时养生		消灭疾病
手术治疗	西医	调节平衡

🚀 互动游戏

1. **你要复活谁**：假如二十年后，你是一名基因科学家，有能力用动物的DNA复活下面已灭绝的动物，你想复活谁？为什么？请根据下面的视觉空间游戏，在最短的时间内找到你可以复活的动物。

起点

1. →·→↓↓·→→·↓
2. →·↓↓·→·→↓·↓
3. →·↓·→·↓·→·↓
4. →·↓·→·→·↓·↓
5. →→·↓↓·↓·↓
6. →·↓↓·→·↓↑↑

苏丹白犀牛　披毛犀　猛犸象　中国犀牛
袋狼　南极狼　新疆虎　剑齿虎
渡渡鸟　台湾云豹　巨犀　高鼻羚羊
恐鸟　斑驴　旅鸽　阿特拉斯棕熊

2. 中药猜一猜（下面谜语的谜底都是中药名，请你连线）

天府之宝　　　　　王不留行
植树造林　　　　　当归
皇帝送客　　　　　忍冬
一个人在人间　　　五味子
长生不老　　　　　金银花
假期休完　　　　　半夏
浪费钱财　　　　　防风
酸甜苦辣咸　　　　万年青
五月初五　　　　　独活
苦熬三九　　　　　川贝

小小任务

经过这节课的学习，现在你对人类与自然的关系，对世界、对生命，肯定有了更多的思考，请你根据自己在疫情期间看到的和听到的，还有你想到的，创作一个小翼想要做的绘本《病毒的故事》。

拓展学习

1. 绘本创作：《病毒的故事》。
2. 二十年后的你给自己写一封《来自未来的信》。
3. 阅读推荐：绘本《中医之人体保卫战》丛书。
4. 社会调研：请你在药店调研，给常用的中成药做一个清单。
5. 影音推荐：纪录片《中医》。

同学们可以扫描下面的二维码，进入《我们是未来的主人》微课程，边听边想二十年后的世界是什么样子的。

生命知"疫"——
生命教育10堂课

参考答案（部分）

第1课

互动游戏1：

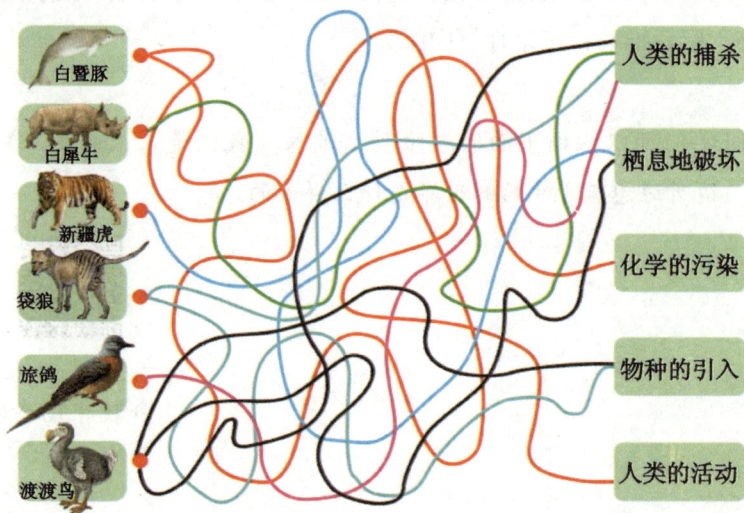

白鳍豚：人类的活动，化学的污染

白犀牛：人类的捕杀

新疆虎：栖息地破坏

袋狼：人类的捕杀，物种的引入

旅鸽：人类的捕杀

渡渡鸟：物种的引入，人类的捕杀，栖息地破坏

第2课

思考时间2：

细菌和病毒的相同点和不同点：

细菌　　　　病毒

C F　　A　　D E G
I H M　B K　　J N
　　　　L

互动游戏：

问号处的病毒为"噬菌体"。

第3课

互动游戏：

答案并不唯一，可能的路线是：

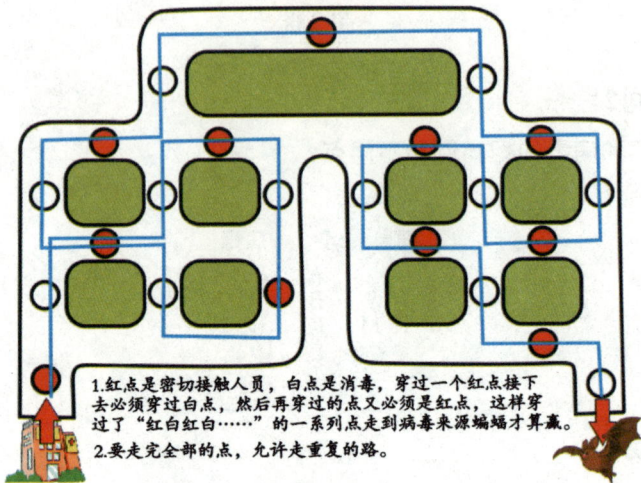

1.红点是密切接触人员，白点是消毒，穿过一个红点接下去必须穿过白点，然后再穿过的点又必须是红点，这样穿过了"红白红白……"的一系列点,走到病毒来源蝙蝠才算赢。

2.要走完全部的点，允许走重复的路。

第4课

互动游戏：

病例为K

第5课

互动游戏：

答案并不唯一，可能的路线是：

第 7 课

互动游戏：

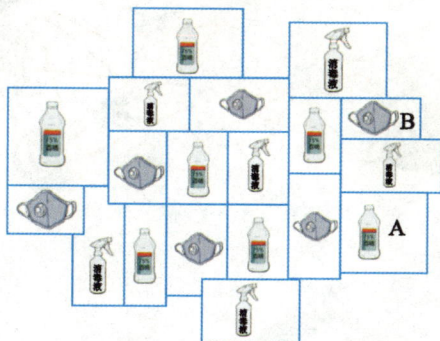

A 为酒精，B 为口罩

第 9 课

124 页答案

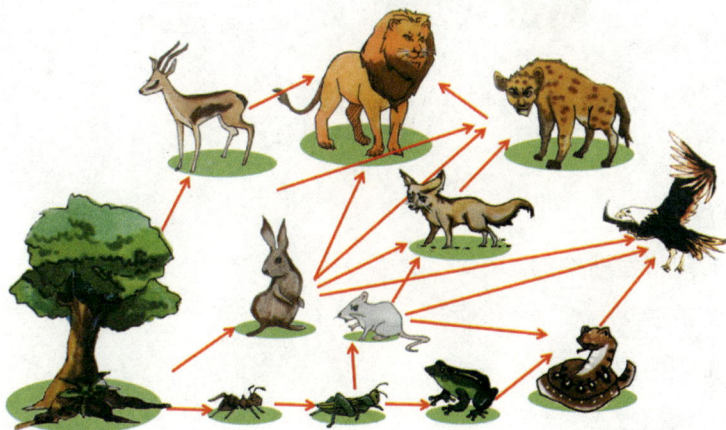

互动游戏1：

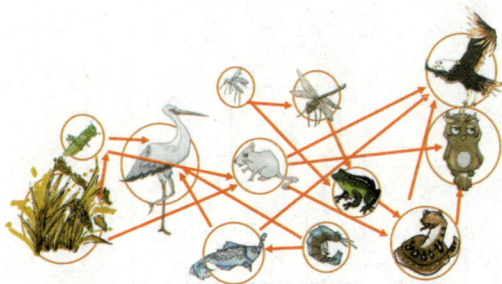

互动游戏2：

动　物：__23__种
植　物：__4__种
微生物：__4__种

第10课

互动游戏1：

1.阿特拉斯棕熊

2.斑驴

3.剑齿虎

4.南极狼

5.渡渡鸟

6.猛犸象